대바늘 뜰 때 궁금한 것 싹 해결!
곁에 두고 보는 대바늘 손뜨개 노트

contents

Basic Techniques
기본 뜨개법

시작코 —— 6
손가락에 실을 걸어서 만드는 법
실 거는 법과 대바늘 잡는 법
코바늘로 만드는 법
뜨개실로 만들 때
보조실로 만들 때 (나중에 푼다)
보조실로 만든 시작코 줍는 법

대바늘로 코를 떠서 만드는 법
원통뜨기의 시작코 만드는 법
원형뜨기의 시작코 만드는 법
대바늘로 만들 때
코바늘로 만들 때

기본 뜨개법과 뜨개코 —— 14
겉코=겉뜨기
안코=안뜨기

겉코와 안코로 만드는 기본 뜨개바탕 —— 16
뜨개도안 보는 법
메리야스뜨기
가터뜨기
1코 고무뜨기
2코 고무뜨기

뜨개기호(JIS기호)와 뜨는 법 —— 22
걸기코 / 돌려뜨기 / 걸러뜨기 / 오른코 겹쳐 2코 모아뜨기 / 오른코 겹쳐 2코 모아 안뜨기 / 왼코 겹쳐 2코 모아뜨기 / 왼코 겹쳐 2코 모아 안뜨기 / 오른코 겹쳐 3코 모아뜨기 / 왼코 겹쳐 3코 모아뜨기 / 중심 3코 모아뜨기 / 오른코 늘려뜨기 / 오른코 늘려 안뜨기 / 왼코 늘려뜨기 / 왼코 늘려 안뜨기

Decreases & Increases
코 줄이기와 코 늘리기

코 줄이기 —— 30
1코 줄이기
가장자리에서 줄인다
방법A 겉코로 줄일 때 / 안코로 줄일 때
방법B 겉코로 줄일 때 / 안코로 줄일 때
가장자리 코를 세워서 줄인다
1코 세워서 코 줄이기
2코 세워서 코 줄이기

2코 이상 줄이기
첫 번째 덮어씌우기
두 번째 덮어씌우기

코 늘리기 42
1코 늘리기
1코 세워서 코 늘리기
돌려뜨기로 코 늘리기
2코 이상 늘리기
감아코 만들기로 코 늘리기
뜨면서 코 늘리기

Popular Knit Patterns
많이 사용하는 무늬뜨기

꽈배기무늬 —— 48
1코 교차뜨기
덮어씌워 교차뜨기
2코 교차뜨기
2코와 1코 교차뜨기

레이스뜨기무늬 —— 52
걸기코와 2코 모아뜨기의 조합
걸기코와 3코 모아뜨기의 조합

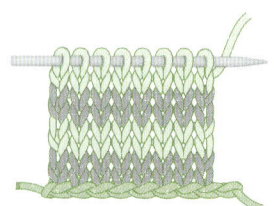

구슬뜨기무늬 —— 53
대바늘로 뜨는 구슬뜨기
코바늘로 뜨는 구슬뜨기

끌어올려뜨기무늬 —— 56
끌어올려 겉뜨기
끌어올려 안뜨기

배색무늬 —— 58
배색실 바꾸는 법
실 잡는 법
안쪽에 걸치는 실이 길어질 때
세로줄무늬일 때
가로줄무늬일 때

코 줍는 법 —— 69
코에서 코줍기
메리야쓰뜨기 코에서 줍기 / 안메리야쓰뜨기 코에서 줍기
단에서 코줍기
메리야쓰뜨기 코에서 고무뜨기 코를 뜰 때 / 메리야쓰뜨기 코에서 가터뜨기 코를 뜰 때 / 가터뜨기 코에서 가터뜨기 코를 뜰 때

코와 코 잇기 —— 70
빼뜨기로 잇기
덮어씌워 빼뜨기로 잇기
메리야스 잇기
가터 잇기

단과 단 꿰매기 —— 74
떠서 꿰매기
ㄷ자로 꿰매기
빼뜨기로 꿰매기
박음질로 꿰매기
반박음질로 꿰매기
알아 두면 쓸모 있는 응급처치법

뜨면서 만드는 단춧구멍 —— 80
1코 단춧구멍
2코 단춧구멍

Assembling

마무리 —— 49

코막음하는 법 —— 62
덮어씌우기 코막음
겉코일 때 / 안코일 때 / 겉코와 안코가 조합되어 있을 때

빼뜨기 코막음
겉코일 때 / 안코일 때

돗바늘 코막음
메리야쓰뜨기일 때 / 가터뜨기일 때

코를 한 번에 조여서 막는 법

고무뜨기 코막음
1코 고무뜨기 코막음 / 2코 고무뜨기 코막음

All you need to start

뜨개질을 시작하기 전에

대바늘 | 코바늘 | 뜨개실 | 게이지 | 돗바늘 | 실 끝 처리
실 잇는 법 | 있으면 편리한 도구

index —— 86

```
A B C D E F G
H I J K L M N
O P Q R S T U
V W X Y Z @
1 2 3 4 5 6 7 8 9 0
```

Basic Techniques
기본 뜨개법

실 1가닥과 대바늘 2개를 이용해 뜨개바탕을 만듭니다.
기본이 되는 뜨개법은 '겉뜨기'와 '안뜨기' 두 가지뿐입니다.
먼저 뜨개바탕을 뜨기 전에 필요한 '시작코'를 확실하게 익혀 봅시다.
처음에는 복잡하게 느껴질지도 모르지만 이 과정을 거쳐야 편물을 만들 수 있습니다.
첫째 단을 뜰 수 있으면 나머지는 끈기 있게 되풀이하면 됩니다.
뜨개기호를 이해하고 나면 니트북에 실려 있는 디자인도 뜰 수 있을 거예요.

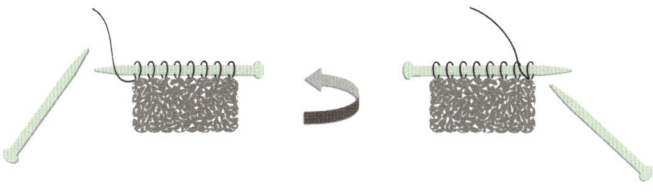

뜨개바탕 뒤집는 법

왕복하며 뜰 때는 한 단을 끝까지 뜨고 나서 어떻게 돌리는지 알아야 깔끔하게 완성할 수 있습니다.
단의 마지막 코까지 뜨고 난 뒤에 왼손 집게손가락에 실을 건 채로 뜨개바탕을
뒤쪽(왼쪽으로 돌린다)으로 돌려서 왼손으로 바꿔 잡고 빈 대바늘을 오른손으로 잡습니다.
중요한 포인트이니 꼭 기억해두세요.

Basic Techniques —— 기본 시작코

시작코

뜨개바탕을 뜨기 시작할 때 토대가 되는 코를 '시작코'라고 합니다.
만드는 법은 여러 가지 있지만 여기에서는 자주 쓰는 다섯 가지 방법을 소개합니다.

● 손가락에 실을 걸어서 만드는 법

가장 일반적인 시작코입니다. 왼손 손가락에 건 실에 대바늘을 휘감아서 만드는 방법으로 신축성이 있어서 메리야스뜨기를 비롯하여 여러 무늬뜨기에 알맞습니다. 본 뜨개질 할 바늘보다 2호 정도 굵은 대바늘 1개를 사용합니다.

1

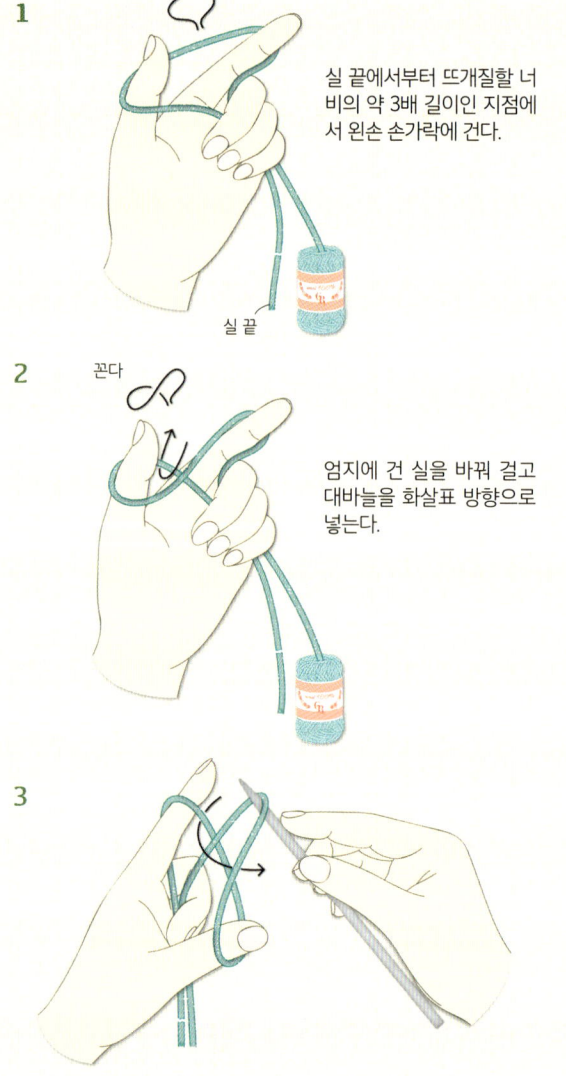

실 끝에서부터 뜨개질할 너비의 약 3배 길이인 지점에서 왼손 손가락에 건다.

2

엄지에 건 실을 바꿔 걸고 대바늘을 화살표 방향으로 넣는다.

3

왼손 검지에 걸린 실을 엄지에 걸린 고리 안으로 통과시켜 끌어낸다.

4

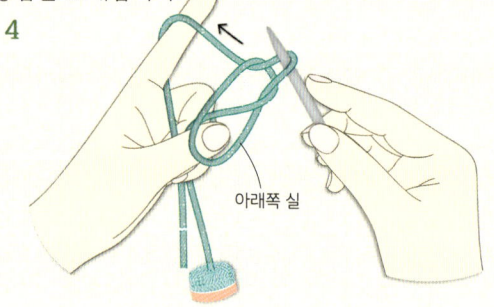

엄지의 실을 벗겨 낸다.

5

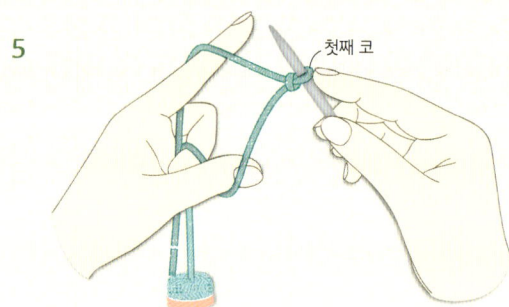

아래쪽 실에 다시 엄지를 걸면서 실 고리를 조인다.

6

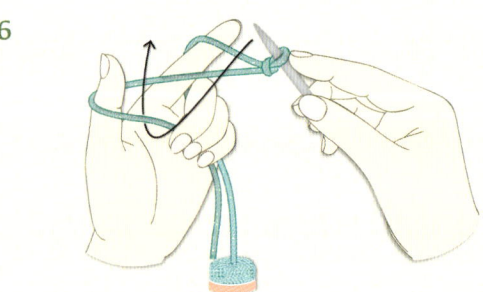

엄지에 실을 건 채 V자로 벌려서 엄지와 중지 사이에 있는 실 아래로 바늘을 넣는다.

7

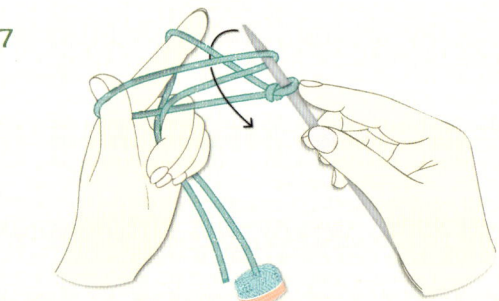

3번과 같이 검지에 걸린 실을 엄지에 걸린 고리 안으로 통과시킨다.

[실 거는 법과 대바늘 잡는 법]

프랑스식이라고 부르며 빠르게 뜰 수 있어서 초보에게 추천합니다. 그러나 다른 방법으로 잡아도 상관없습니다. 중요한 점은 익숙해지는 것과 일정한 리듬으로 뜨는 것입니다.

8

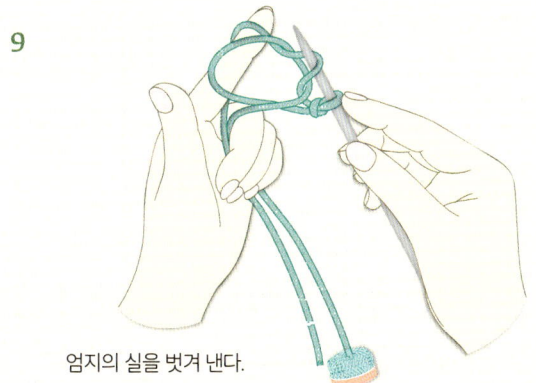

바늘을 젖혀서 실을 끌어낸다.

1

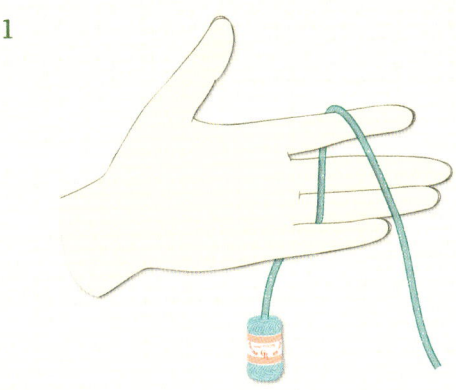

실타래 가운데에서 실 끝을 뽑아내어 왼손 새끼손가락과 약지 사이에 끼운 후 검지와 중지 사이로 끌어 올려 검지에 한 바퀴 돌린다.

9

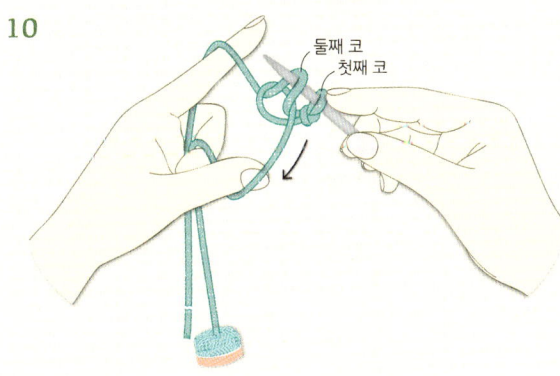

엄지의 실을 벗겨 낸다.

2

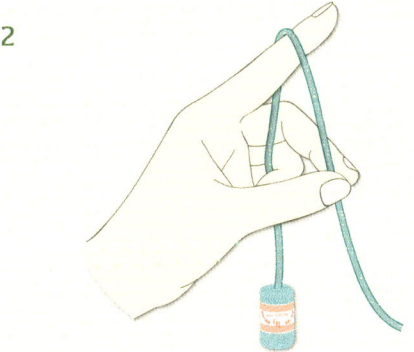

실 끝을 조금 남기고 엄지와 중지로 잡는다.

10

엄지를 아래쪽 실에 다시 걸면서 실 고리를 조인다.
둘째 코가 생겼다. 6~10번 과정을 되풀이한다.

11

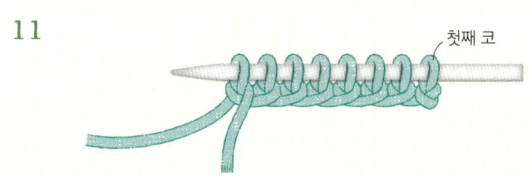

필요한 콧수만큼 만든다. 시작코를 1단으로 센다.

3

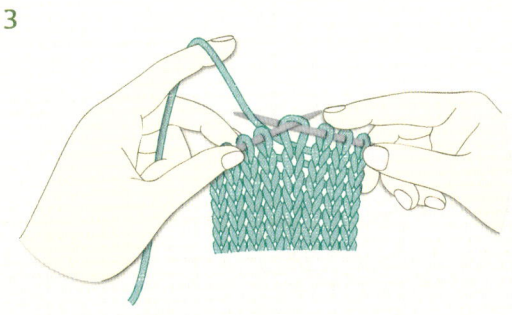

뜨개질 하는 동안 왼손으로 1~2번처럼 실을 잡고 양손으로 대바늘을 잡는다.

Basic Techniques — 기본 시작코

코바늘로 만드는 법

코바늘을 이용해 대바늘에 사슬코를 떠 가는 방법입니다. 시작코 그대로 뜨개바탕 가장자리로 사용할 때는 '뜨개실(같은 색)', 나중에 시작코를 풀고 가장자리를 뜰 때는 '보조실'로 만듭니다.
보조실은 뜨개실과 구별이 확실하게 되는 색으로 보풀이 일지 않고 풀기 쉬운 실이 좋습니다.

뜨개실로 만들 때

1

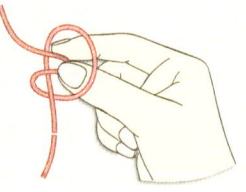

실 끝에서부터 5~6cm 지점에서 고리를 만든다. 고리의 교차점을 왼손 손가락으로 누르고, 고리 뒤쪽에서 오른 손 손가락을 안으로 넣는다.

2

위쪽 실을 잡고 고리 안에서 끌어낸다.

3

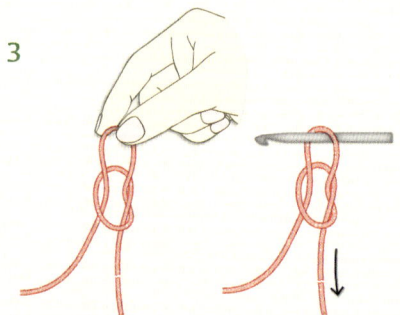

고리 안에 코바늘을 통과시켜서 오른손으로 잡고 고리를 조인다.

4

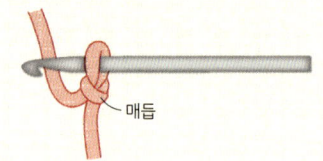

매듭이 생겼다.

5

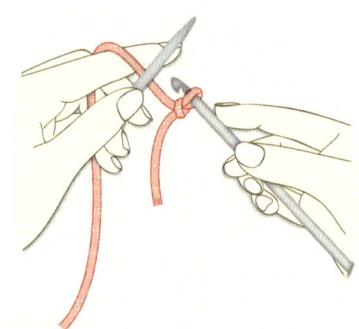

왼손에 실을 걸고 실 위에 대바늘이 오도록 잡는다.

6

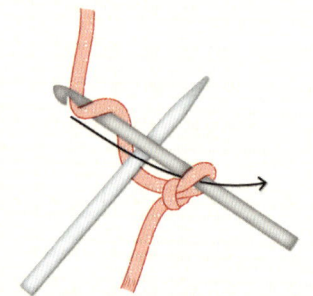

코바늘에 실을 걸어서 화살표 방향으로 빼낸다.

7

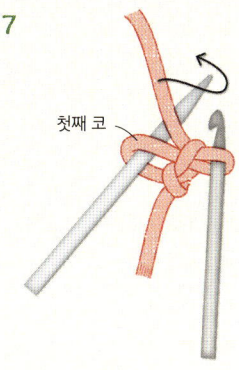

첫째 코

첫째 코가 생겼다. 실을 대바늘 뒤쪽으로 돌린다.

8

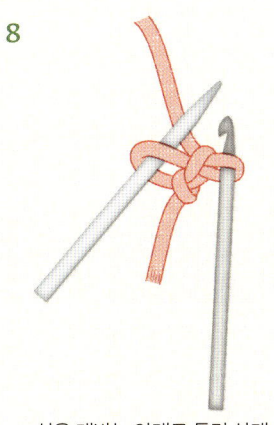

실을 대바늘 아래로 돌린 상태.

9

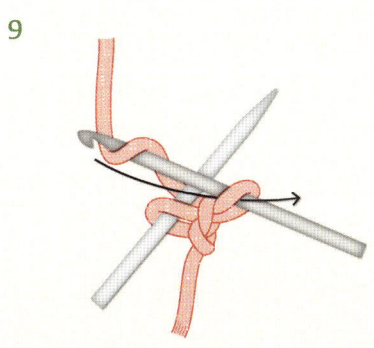

6~8을 되풀이한다.

10

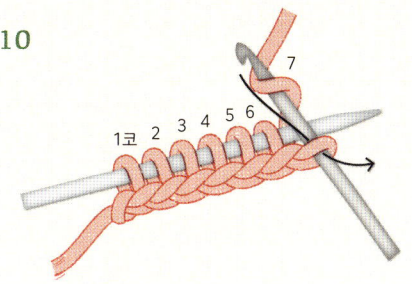

1코 2 3 4 5 6 7

필요 콧수보다 1코 적게 만든다.

11

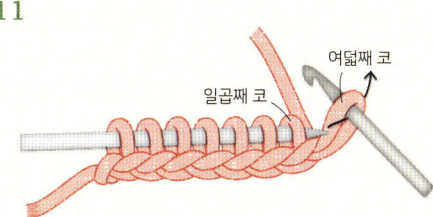

일곱째 코 여덟째 코

마지막 코는(여기에서는 여덟째 코) 코바늘에 걸려 있는 고리를 대바늘에 건다. 시작코는 단으로 세지 않는다!

[첫째 단을 뜨기 시작한다]
메리야스뜨기(P.16 참조)일 때

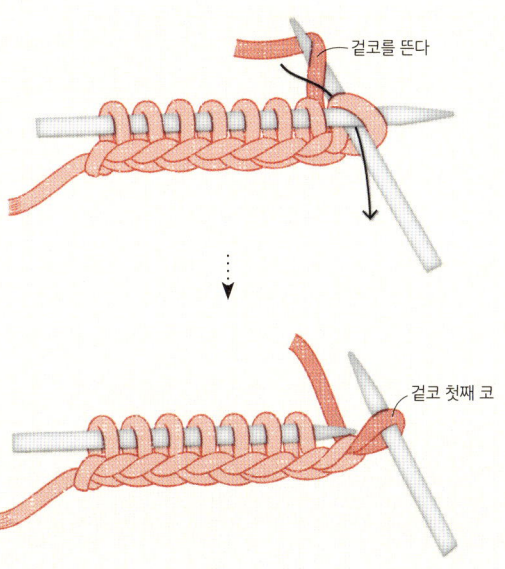

겉코를 뜨다

겉코 첫째 코

Basic Techniques — 기본 시작코

보조실로 만들 때(나중에 푼다)

1~9까지는 '뜨개실로 만들 때'와 같다.

10

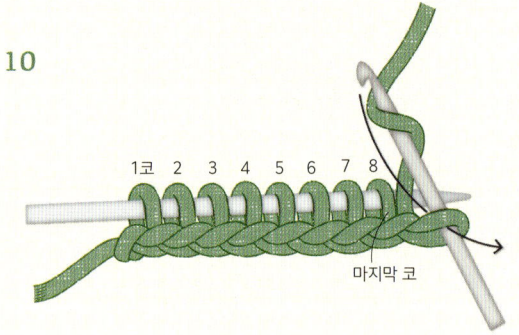

필요한 콧수만큼 만든 뒤에 사슬 1코를 뜨고 실을 자른다.

11

이 경우에도 시작코는 단으로 세지 않는다!

[첫째 단]

메리야스뜨기(P.16)일 때

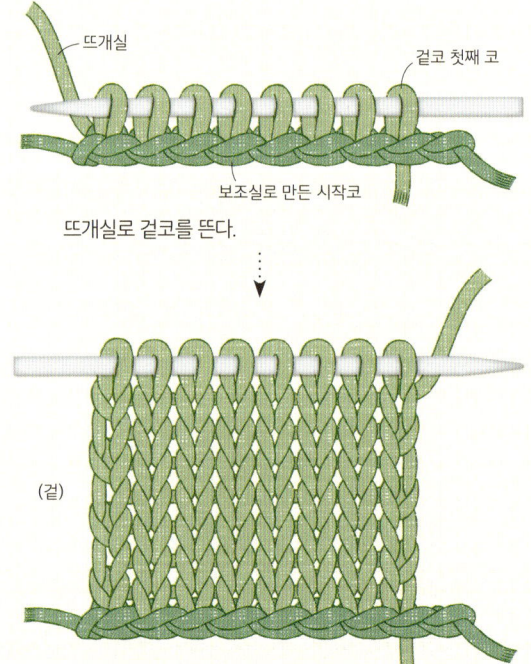

뜨개실로 겉코를 뜬다.

메리야스뜨기로 8단을 뜬 모습

[보조실로 만든 시작코 줍는 법]

뜨개바탕 안쪽 면을 보고 시작코를 풀면서 코를 주운 뒤에 겉쪽 면을 보고 가장자리뜨기 합니다.

1

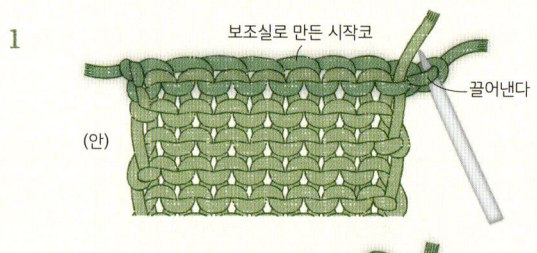

2

보조실로 만든 시작코를 1코씩 풀면서 첫째 단 코를 대바늘에 줍는다.

3

4

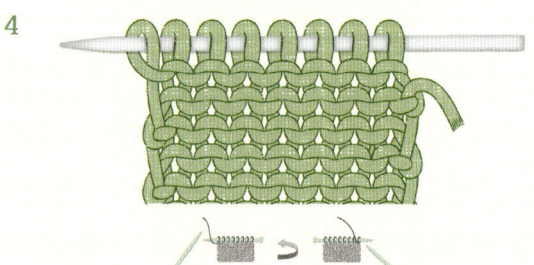

5 가장자리뜨기 첫째 단(1코 고무뜨기일 때)

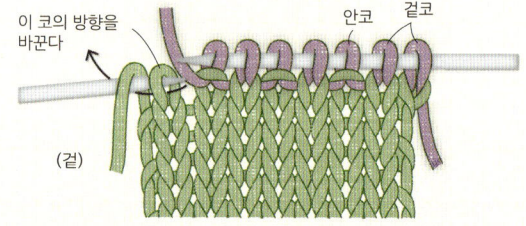

뜨개바탕을 겉으로 돌려서 첫째 단을 뜬다. 마지막 겉코는 그림처럼 실 끝과 함께 뜨면 뜨개바탕 가장자리가 깔끔하게 마무리된다.

🟢 대바늘로 코를 떠서 만드는 법

뜨개바탕을 뜨는 대바늘을 사용하여 시작코를 만드는 법으로 만들기 쉽고 뜨기 시작 부분이 단단하게 고정됩니다.

1

첫째 코를 왼쪽 바늘에 건다. 고리 만드는 법은 P.8의 1~3과 같다.

2

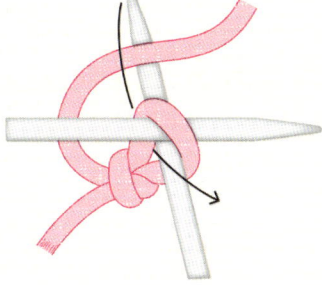

첫째 코에 오른쪽 바늘을 넣고 실을 걸어서 화살표 방향으로 끌어낸다.

3

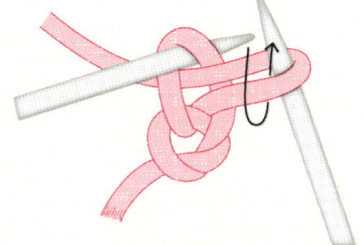

끌어낸 고리의 앞쪽에서 왼쪽 바늘을 넣고 오른쪽 바늘을 뺀다.

4

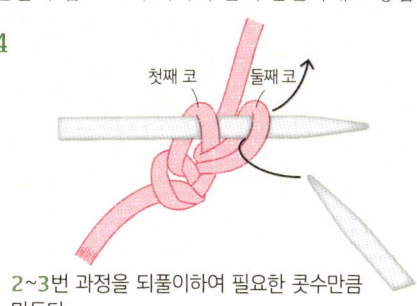

2~3번 과정을 되풀이하여 필요한 콧수만큼 만든다.

5, 6

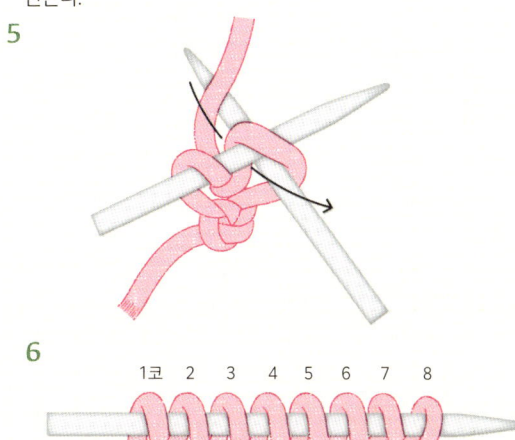

8코 만든 상태. 시작코는 단으로 세지 않는다!

🟢 원통뜨기의 시작코 만드는 법

뜨개바탕을 빙글빙글 돌아가며 원통 모양으로 뜰 때는 '줄바늘'(P.82 참조)을 사용합니다. 만드는 법은 P.6~11의 어떤 방법이든 사용할 수 있지만 여기에서는 '손가락에 실을 걸어서 만드는 법'으로 설명합니다.
첫째 단을 뜰 때 반드시 시작코 방향을 나란히 맞춰야 합니다. 경계가 꼬이거나 뜨개코가 돌아가 있지 않은지 꼭 확인하세요. 뜨기 시작 코와 뜨기 끝 코를 알아보기 어려우므로 시작코의 마지막 코와 첫째 코 사이에 표시를 해 두면 좋습니다.

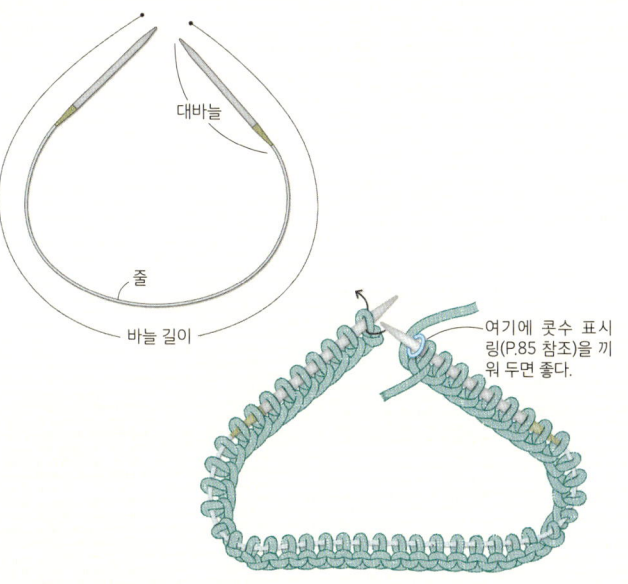

Basic Techniques —— 기본 시작코

● 원형뜨기의 시작코 만드는 법

원형이나 사각형 모티브를 중심에서부터 뜰 때 사용하는 시작코입니다. '쿤스트레이스 뜨기'라고도 부르며 '걸기코'로 코를 늘려서 섬세한 레이스 무늬를 만듭니다.

대바늘로 만들 때

짧은 대바늘을 3개나 4개 사용하여 실 고리 안에 '겉코, 걸기코'를 되풀이하여 뜨며 필요한 콧수만큼 만든다. 3, 4단 뜬 뒤에 실 끝을 당겨서 고리를 조인다.

1

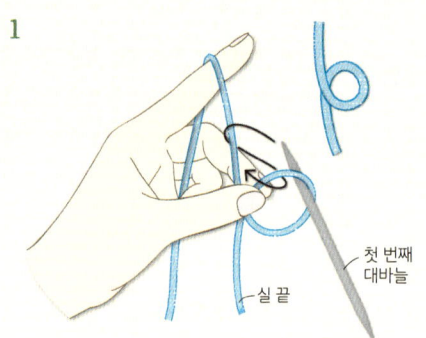

2

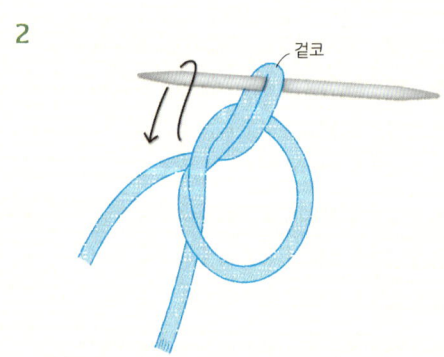

3

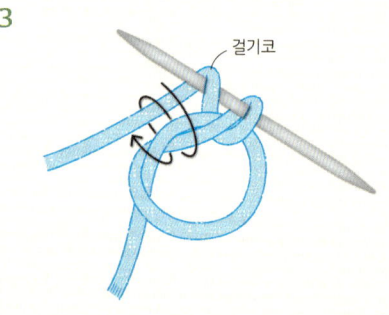

4

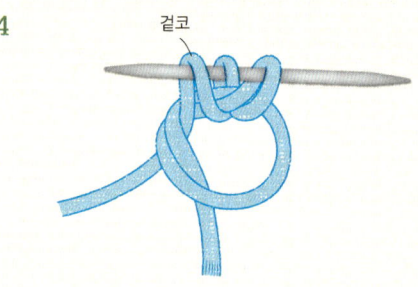

5

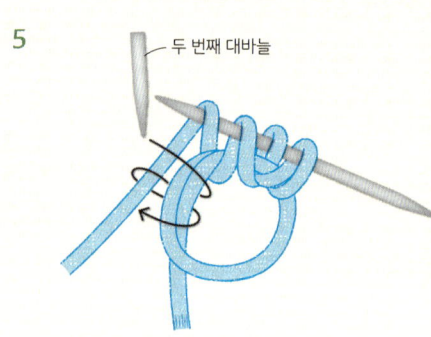

6

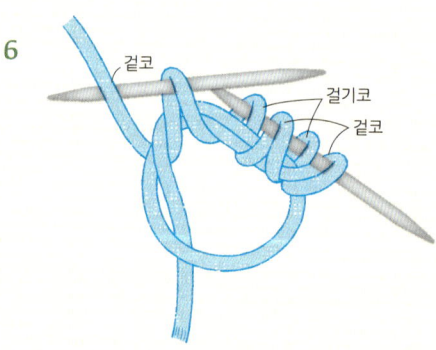

7

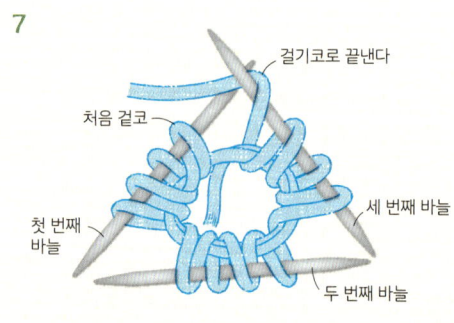

시작코를 12코 만든 모습.

코바늘로 만들 때

고리 안에서 실을 끌어내서 만든다. 고리 안에 필요한 콧수만큼 만든 뒤에 콧수를 서너 개로 나눠서 대바늘에 옮기고 뜬다. 3, 4단 뜬 뒤에 실 끝을 당겨서 고리를 조인다.

1

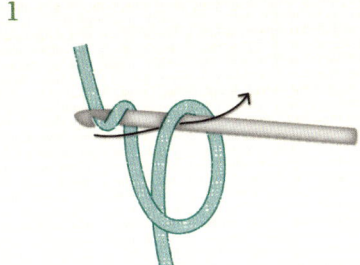

2

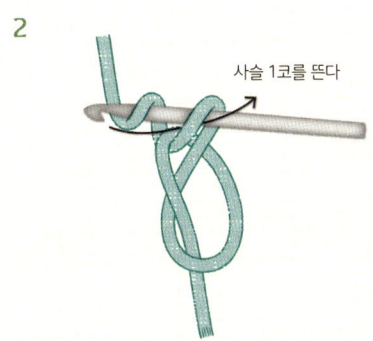

사슬 1코를 뜬다

3

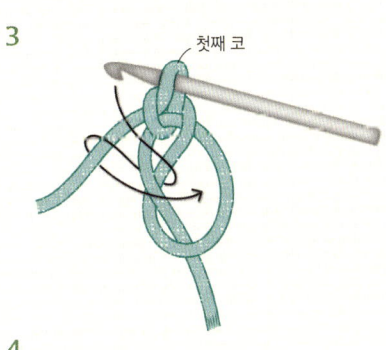

첫째 코

4

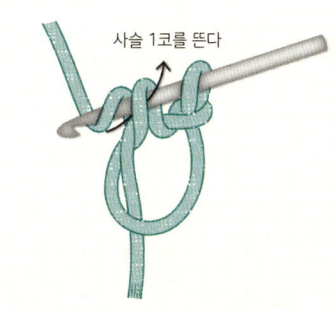

사슬 1코를 뜬다

5

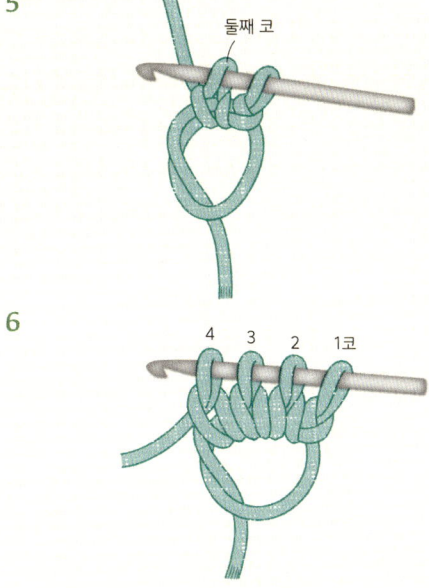

둘째 코

6

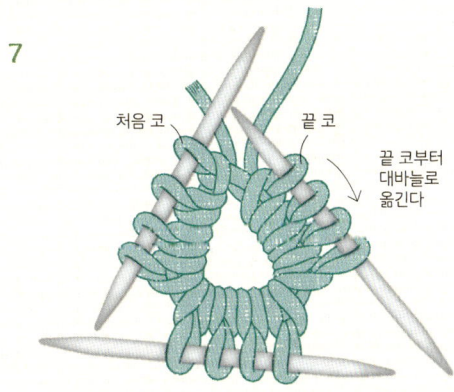

4 3 2 1코

3, 4를 되풀이하여 필요한 콧수만큼 만든다.

7

처음 코   끝 코

끝 코부터 대바늘로 옮긴다

시작코의 오른쪽 실이 앞쪽이 되도록 1코씩 대바늘로 옮기면서 나눈다. 이 경우에는 12코를 4코씩 나눴다.

Basic Stitches — 기본 뜨개법

기본 뜨개법과 뜨개코

대바늘 손뜨개의 기본이 되는 뜨개법은 '겉뜨기'와 '안뜨기'이고 각각 '겉코', '안코'라고 하며 뜨개기호로 나타냅니다. 이 뜨개코를 조합하여 수많은 뜨개바탕을 만들 수 있습니다. 또 이 뜨개코는 겉과 안을 이루고 있어서 '겉코'의 안쪽은 '안코', '안코'의 안쪽은 '겉코'가 됩니다. 뜨개법과 동시에 대바늘 쥐는 법과 실 거는 법도 익혀 봅시다.

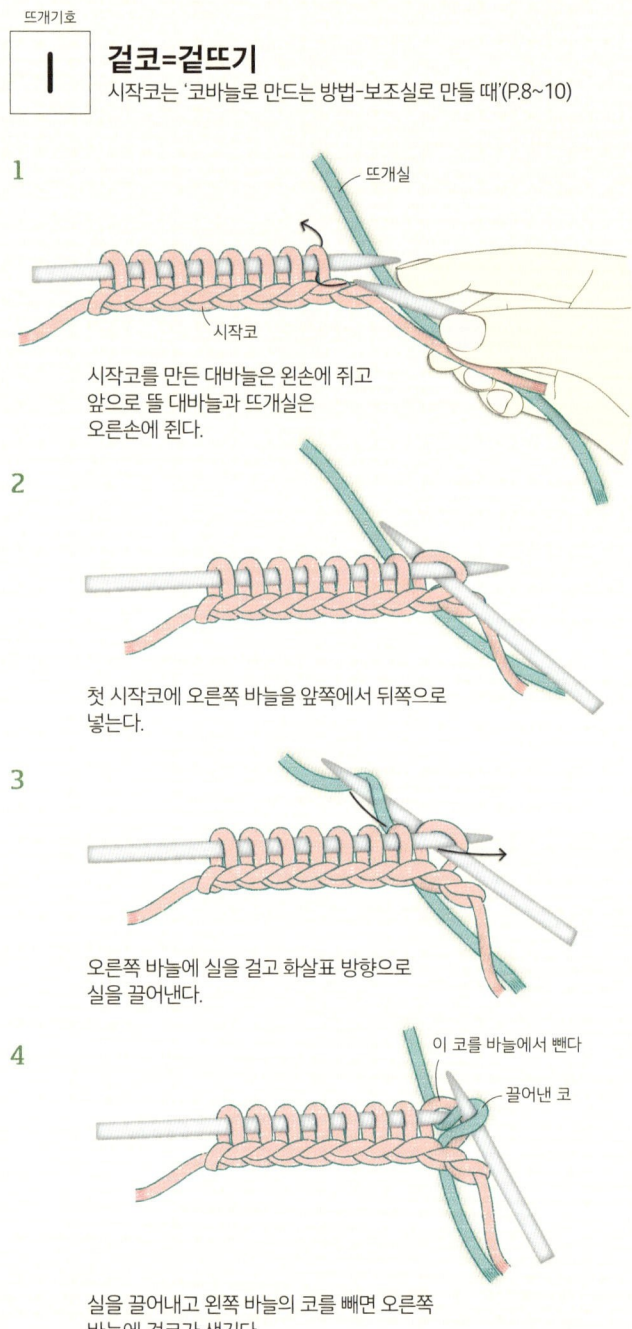

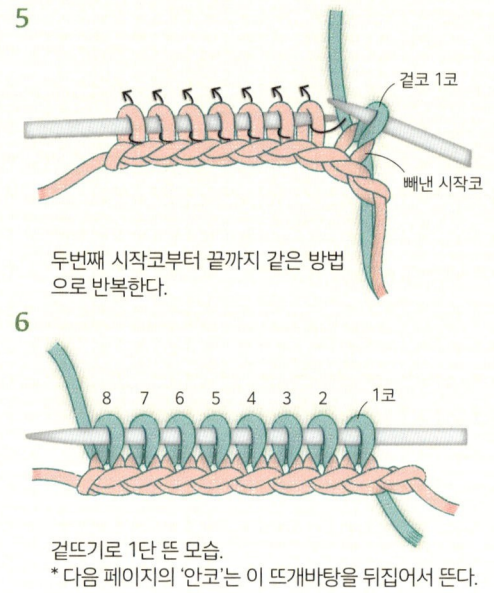

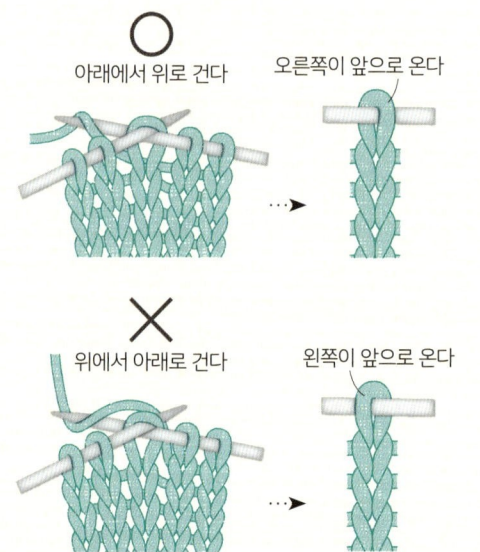

뜨개기호

ㅡ 안코=안뜨기

1

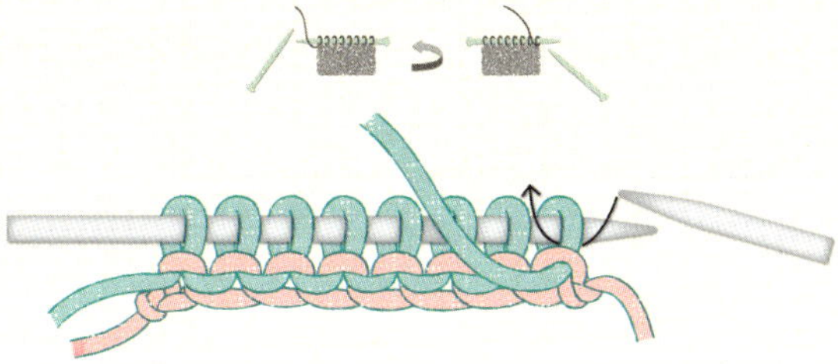

앞 페이지의 뜨개바탕을 뒤집어서 왼손에 쥐고, 뜨개실은 대바늘 앞쪽으로 오게 한다. 오른쪽 바늘을 첫째 코에 뒤쪽에서 앞쪽으로 넣는다.

2

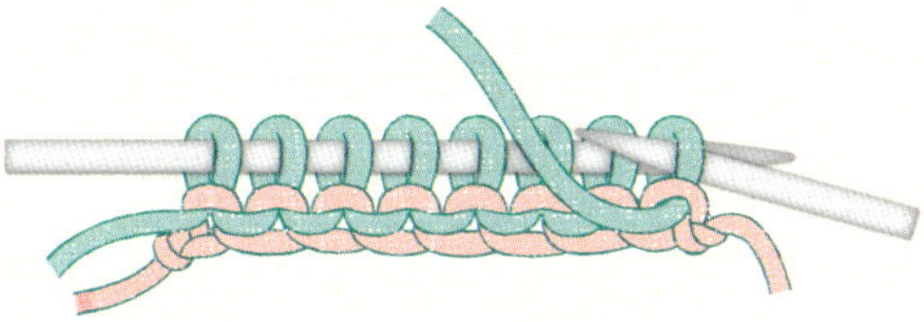

3

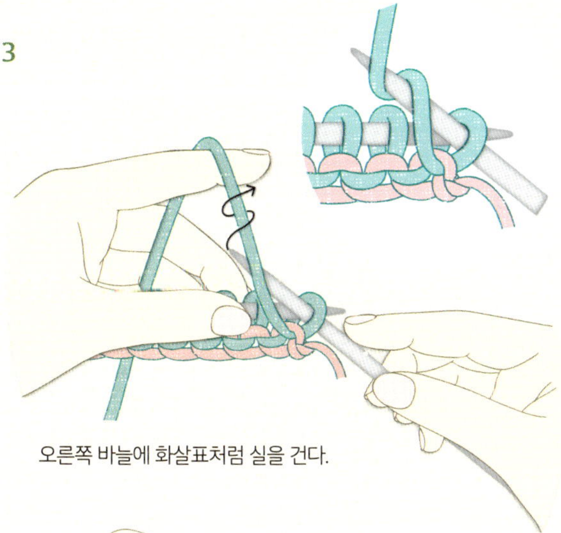

오른쪽 바늘에 화살표처럼 실을 건다.

4

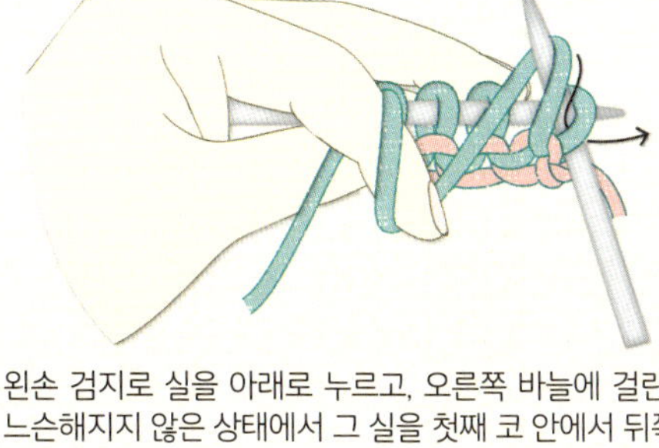

왼손 검지로 실을 아래로 누르고, 오른쪽 바늘에 걸린 실이 느슨해지지 않은 상태에서 그 실을 첫째 코 안에서 뒤쪽으로 끌어낸다.

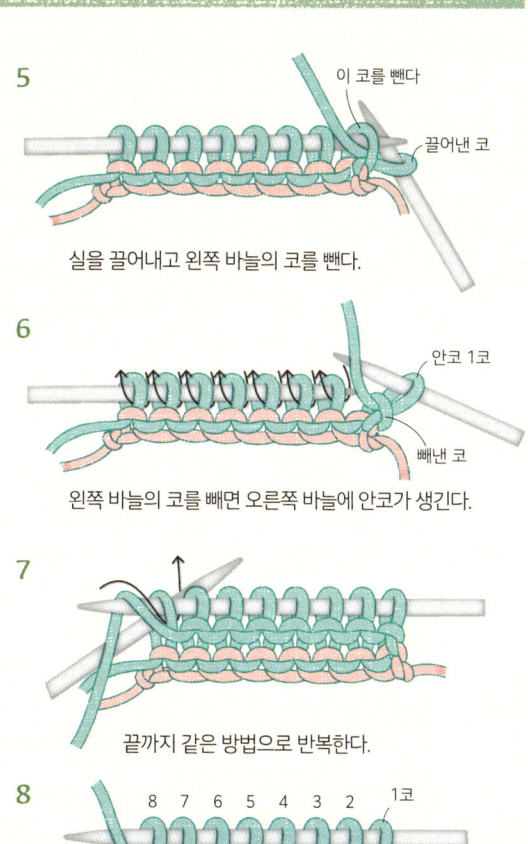

5

이 코를 뺀다
끌어낸 코

실을 끌어내고 왼쪽 바늘의 코를 뺀다.

6

안코 1코
빼낸 코

왼쪽 바늘의 코를 빼면 오른쪽 바늘에 안코가 생긴다.

7

끝까지 같은 방법으로 반복한다.

8

8 7 6 5 4 3 2 1코

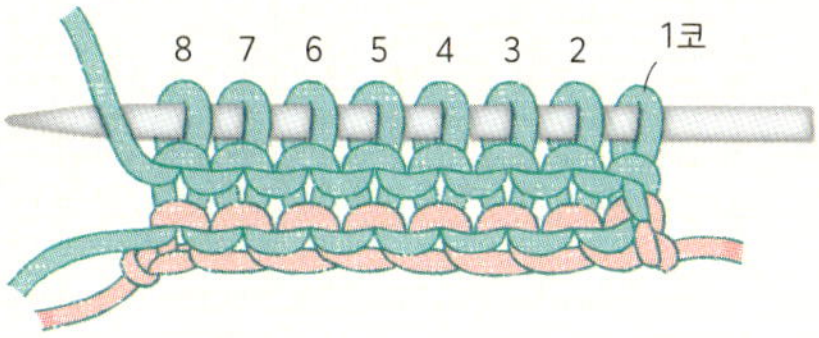

안뜨기로 1단을 뜬 모습.

주목 실 거는 방향

실 거는 법이 틀리면 완성한 코의 실 걸린 모양이 반대가 된다.

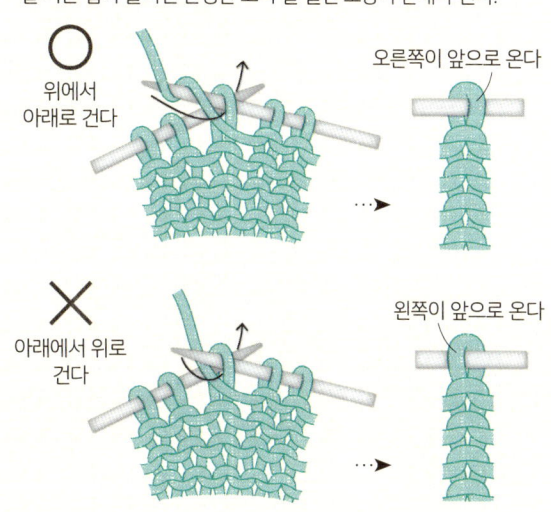

○
위에서
아래로 건다
오른쪽이 앞으로 온다

×
아래에서 위로
건다
왼쪽이 앞으로 온다

Basic Stitches — 기본 뜨개법

겉코와 안코로 만드는 기본 뜨개바탕

기본 뜨개코인 '겉코'와 '안코'를 조합하면 메리야스뜨기, 가터뜨기, 고무뜨기 같은 기본 뜨개바탕이 만들어집니다. 뜨는 법은 뜨개도안으로 표시되어 있으니 뜨개도안 보는 법을 익혀 봅시다.

뜨개도안 보는 법

뜨개도안은 완성된 뜨개바탕을 겉에서 본 뜨개코 상태를 표시한 것입니다.
예를 들어 가장 기본적인 메리야스뜨기를 왕복뜨기(평뜨기)로 뜰 때의 뜨개도안을 봅시다.
※ 왕복뜨기는 단마다 뜨개바탕을 겉쪽, 안쪽 교대로 바꿔 쥐고 뜨는 것.

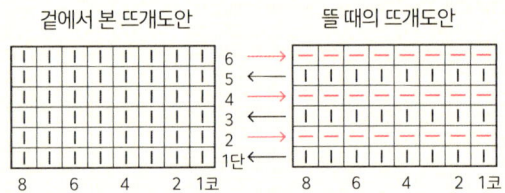

왼쪽 뜨개도안에서 겉을 보고 뜨는 단(1, 3, 5단)에서는 뜨개기호와 같은 뜨개코(겉코)를 뜨고, 안을 보고 뜨는 단(2, 4, 6단)에서는 반대되는 뜨개코(안코)를 뜹니다.

메리야스뜨기

왕복뜨기에서는 겉코와 안코를 1단씩 교대로 뜨고, 원통뜨기(P.11 참조)에서는 겉코만 계속 뜹니다. 뜨개바탕의 겉과 안은 확실하게 구별되며 겉코인 면을 '메리야스뜨기', 안코인 면을 '안메리야스뜨기'라고도 부릅니다. 뜨개바탕 가장자리는 돌돌 말립니다.

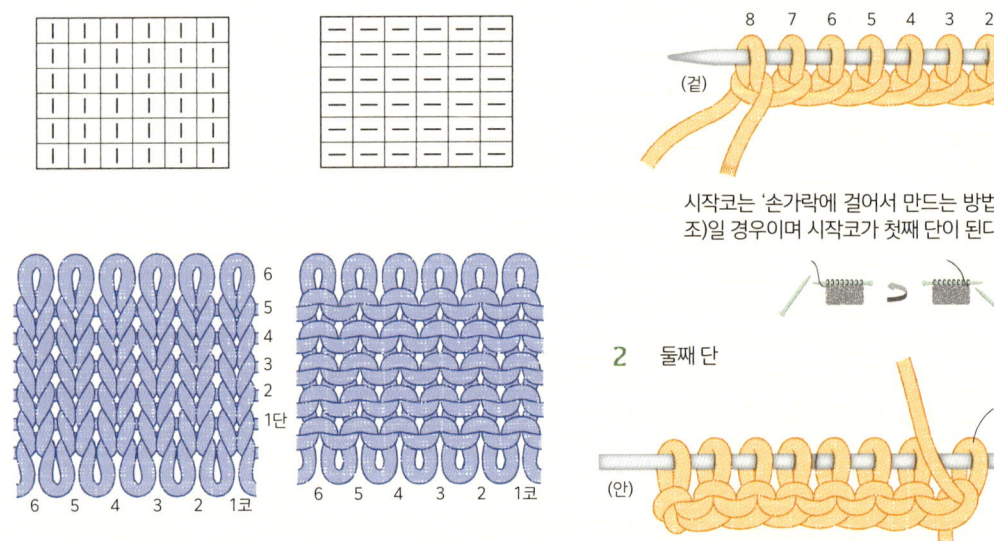

뜨개바탕은 작은 뜨개코 하나하나가 모인 것으로 그 크기는 1코 1단으로 표시한다.

3

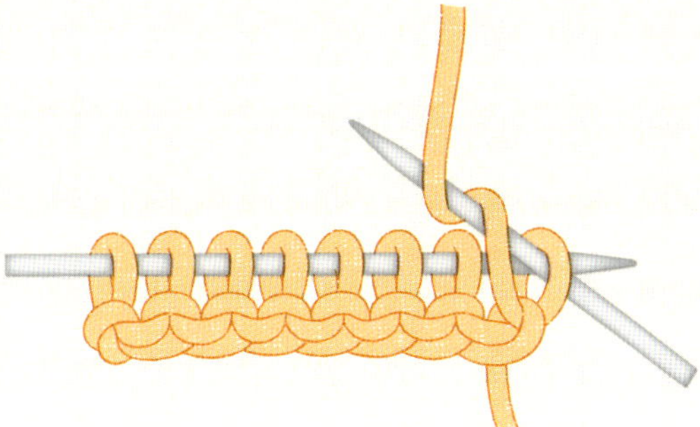

오른쪽 바늘로 P.15 1~5번을 참조해서 첫 코를 뜬다.

4

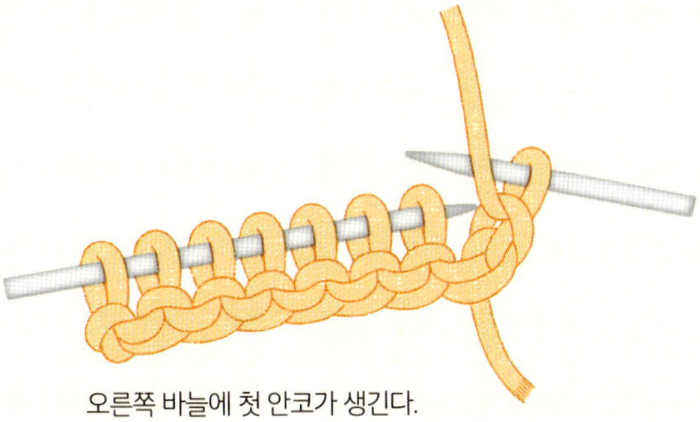

오른쪽 바늘에 첫 안코가 생긴다.

5

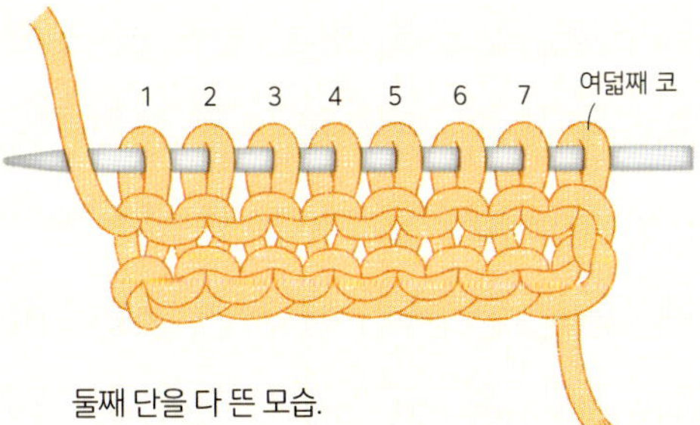

둘째 단을 다 뜬 모습.

6 셋째 단

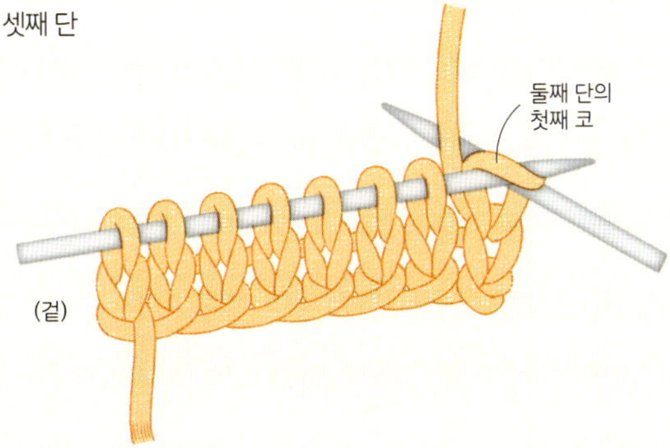

(겉)

겉을 보며 겉뜨기(P.14 참조).

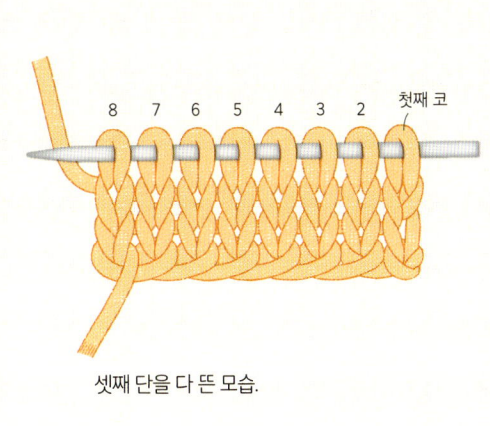

셋째 단을 다 뜬 모습.

8

(안)

넷째 단과 다섯째 단을 둘째 단과 셋째 단과 같은 방법으로 뜬다.

여섯째 단을 다 뜬 모습.

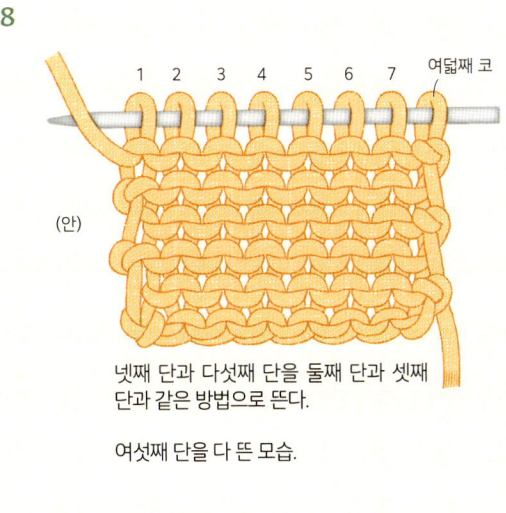

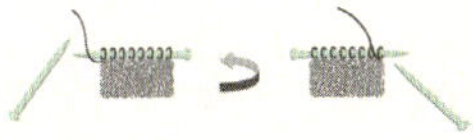

9

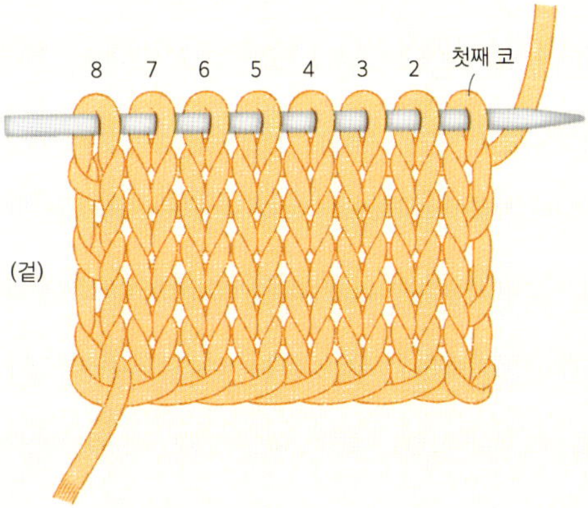

(겉)

8의 뜨개바탕을 돌려서 겉에서 본 모습.

Basic Stitches — 기본 뜨개법

가터뜨기

겉코와 안코를 1단씩 교대로 조합한 뜨개바탕이며 왕복뜨기일 때는 단마다 겉뜨기합니다. 뜨개바탕 겉과 안은 똑같이 생겼고 뜨개바탕 가장자리가 말리지 않아서 가장자리뜨기나 목도리, 옷깃 등에 알맞습니다.

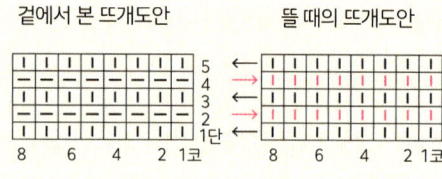

1 첫째 단

8 7 6 5 4 3 2 첫째 코

(겉)

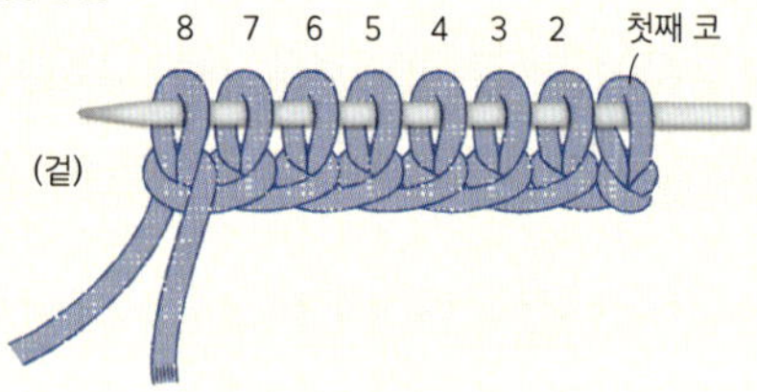

시작코는 '손가락에 걸어서 만드는 방법'(P.6 참조)이고 겉뜨기 1단으로 친다.

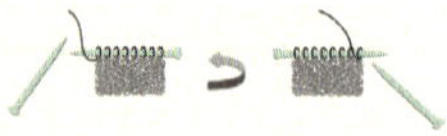

2 둘째 단

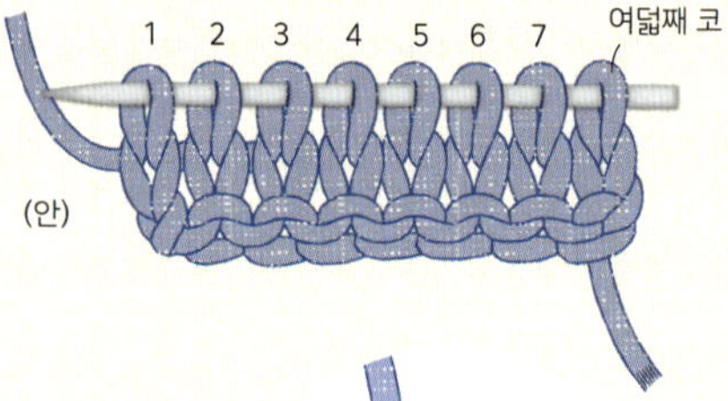

1 2 3 4 5 6 7 여덟째 코

(안)

안을 보고 겉뜨기한다.

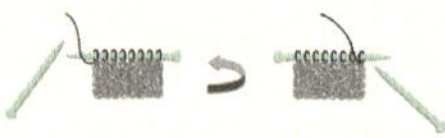

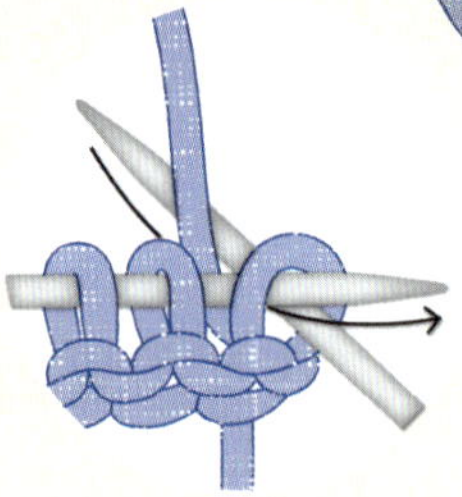

3 셋째 단

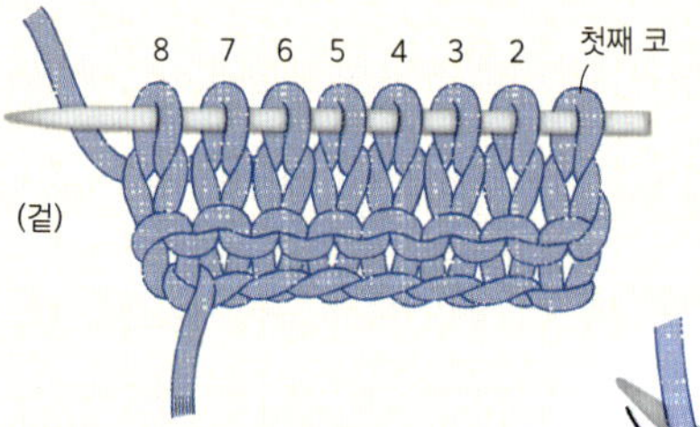

8 7 6 5 4 3 2 첫째 코

(겉)

겉을 보고 겉뜨기한다.
2, 3을 되풀이한다.

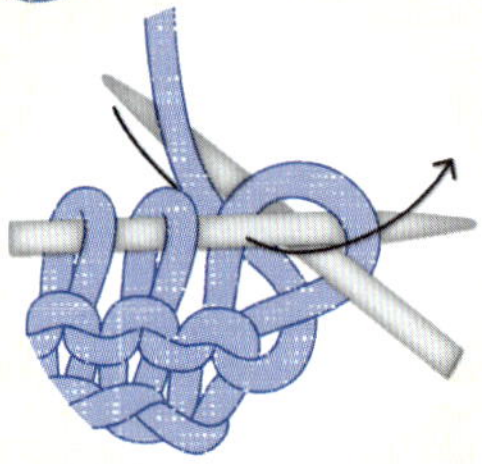

1코 고무뜨기

겉코와 안코를 세로 방향으로 1코씩 교대로 조합한 뜨개바탕. 왕복뜨기로 안을 보고 뜰 때는 겉코와 안코가 반대가 됩니다. 뜨개바탕은 가로 방향으로 신축성이 있고 뜨개바탕 가장자리도 잘 고정되므로 활용도가 높아요. 시작코는 뜨기 시작할 때부터 뜨개코가 고무뜨기 코가 되는 방법을 사용하면 편리합니다.

1코 고무뜨기의 시작코
- 오른쪽 가장자리 겉코 2코, 왼쪽 가장자리 겉코 1코인 경우

1

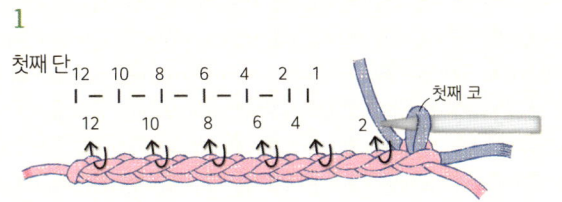

보조실로 필요한 콧수만큼 사슬뜨기를 하고, 사슬코 산에 대바늘을 넣어서 실을 걸고 끌어낸다.

2

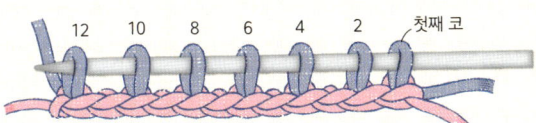

가장자리 2코는 계속해서 줍고 다음부터는 1코 걸러서 주위서 실을 끌어낸다.

3

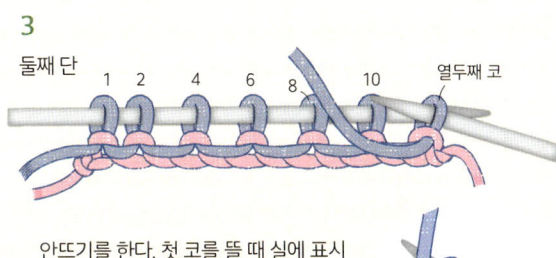

안뜨기를 한다. 첫 코를 뜰 때 실에 표시해 둔다. 코와 코 사이는 비우지 말고 보통으로 뜬다.

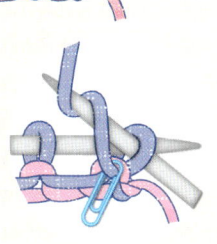

4

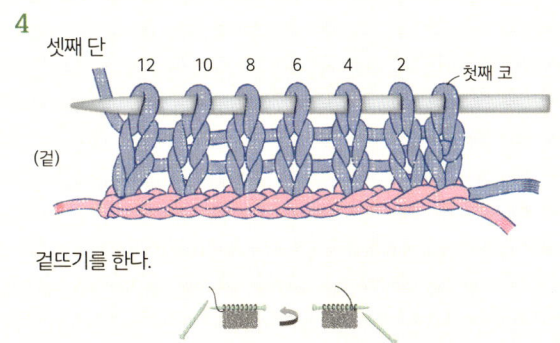

겉뜨기를 한다.

5

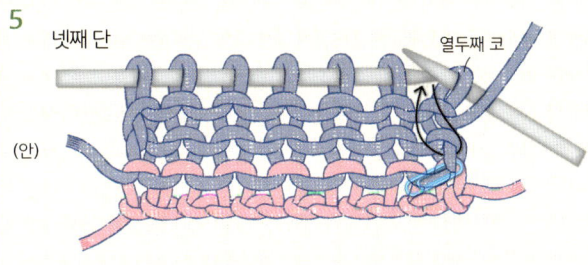

가장자리 코는 뜨지 않고 오른쪽 바늘로 옮기고, 이어서 오른쪽 바늘을 클립을 꽂아 둔 코(첫째 단의 가로실)에 넣어서 끌어올린다.

Basic Stitches — 기본 뜨개법

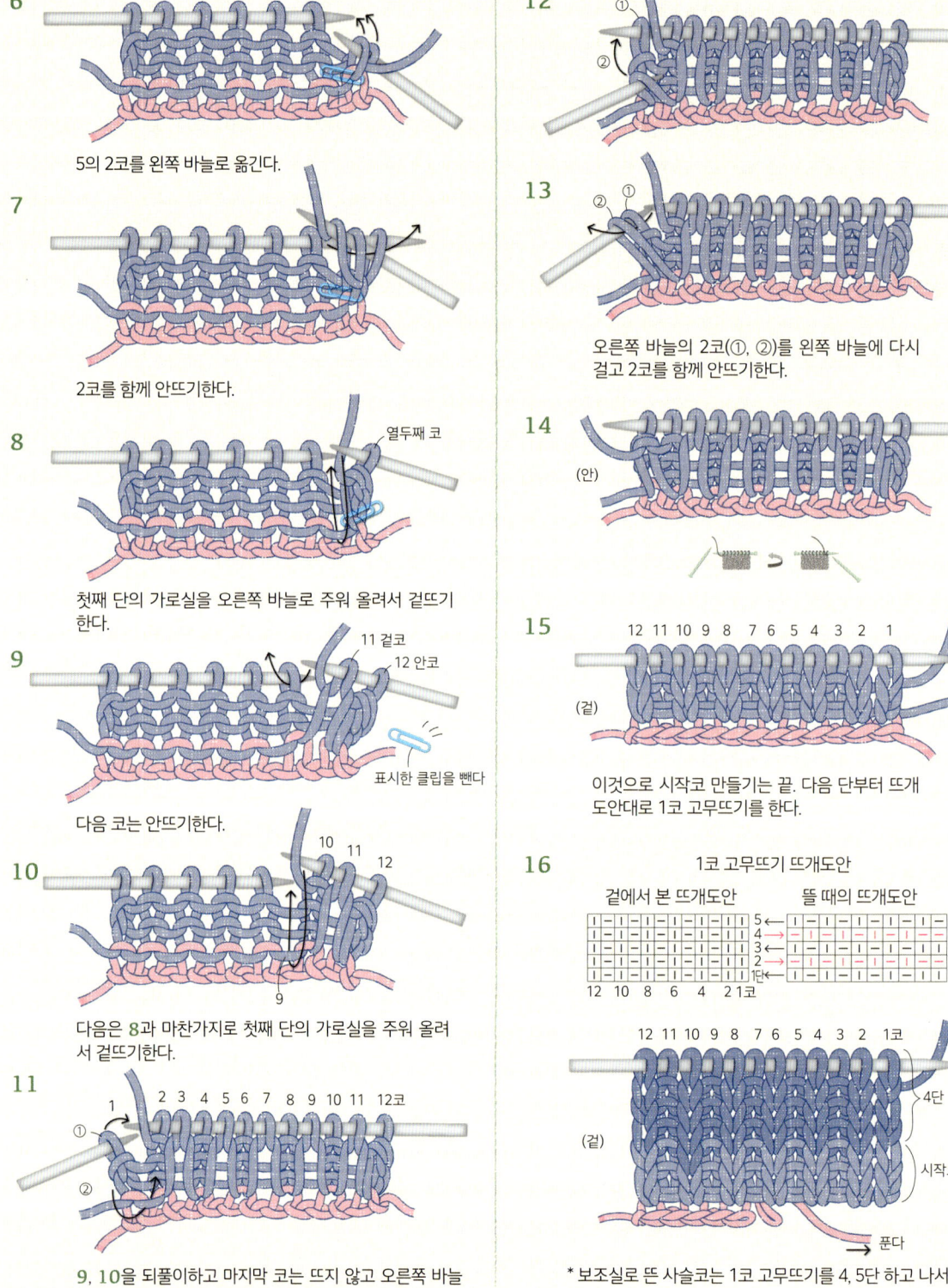

2코 고무뜨기

겉코와 안코를 세로 방향으로 2코씩 교대로 조합한 뜨개바탕. 뜨는 요령은 '1코 고무뜨기'(P.19 참조)와 같고, 시작코도 뜨기 시작할 때부터 뜨개코가 고무뜨기코가 되는 방법을 사용하면 편리합니다.

2코 고무뜨기의 시작코 - 양 가장자리가 겉코 2코일 때

1 첫째 단

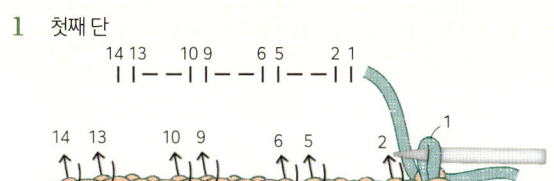

보조실로 필요한 콧수만큼 사슬뜨기를 하고, 사슬코 산에 대바늘을 넣어서 실을 걸고 끌어낸다.

2

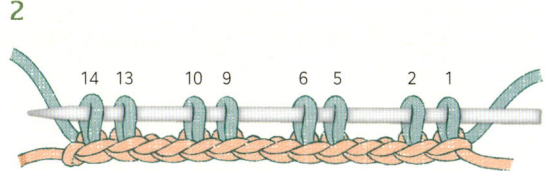

2코 걸러서 2코씩 주워서 실을 끌어낸다.

3 넷째 단

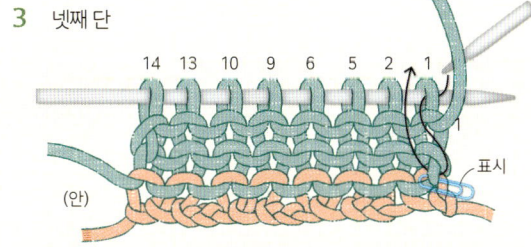

메리야스뜨기로 3단을 뜨고, 넷째 단은 안쪽으로 뒤집어서 화살표처럼 바늘을 넣어서 안뜨기한다. 첫째 코인 안코에 클립 등으로 표시해 두면 뜨기 편하다.

4

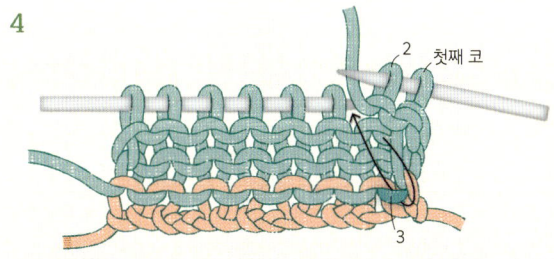

둘째 코는 안뜨기, 셋째 코는 첫째 단의 가로로 걸쳐진 실에 바늘을 넣어서 겉뜨기한다.

5

다음 넷째 코도 첫째 단의 가로실을 주워서 겉뜨기한다.

6

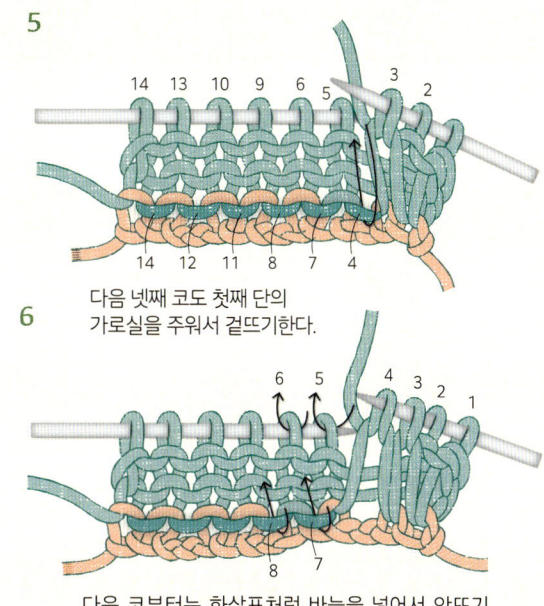

다음 코부터는 화살표처럼 바늘을 넣어서 안뜨기 2코, 겉뜨기 2코를 되풀이하여 뜬다.

7

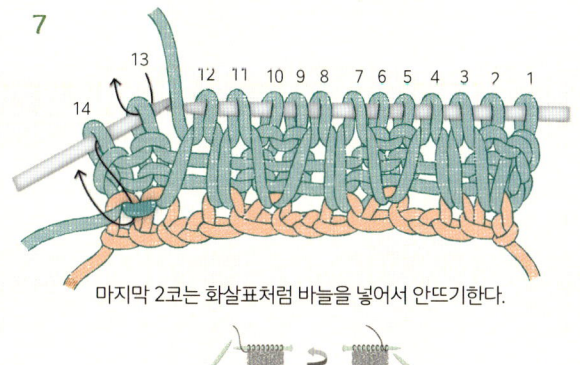

마지막 2코는 화살표처럼 바늘을 넣어서 안뜨기한다.

8

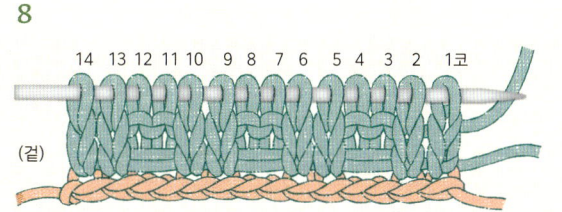

7을 겉쪽으로 뒤집은 상태. 이것으로 시작코 만들기는 끝이고 2단으로 센다. 다음 단부터 뜨개도안대로 2코 고무뜨기를 한다.

Basic Stitches — 기본 뜨개법

뜨개기호(JIS기호)와 뜨는 법

뜨개기호는 뜨개코 상태를 기호로 나타낸 것으로 기본이 되는 '겉코'와 '안코'를 비롯하여 뜨개바탕에 변화를 주는 여러 가지 뜨개코가 있습니다. 여기에서는 자주 사용하는 뜨개기호와 그 뜨는 법을 익혀 봅시다.

 걸기코
뜨개바탕에 구멍을 내는 기법. 비침무늬나 단춧구멍을 만들 때 사용한다.

1
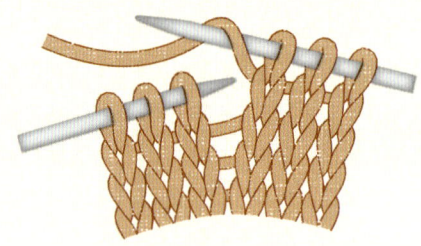

2
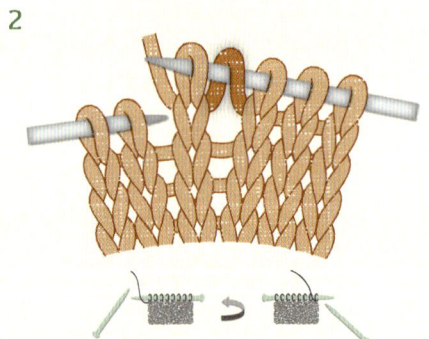

3
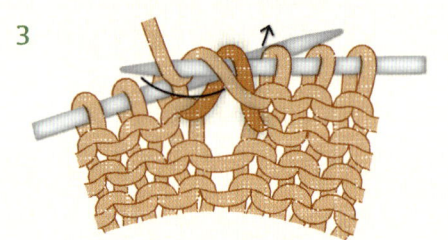

4
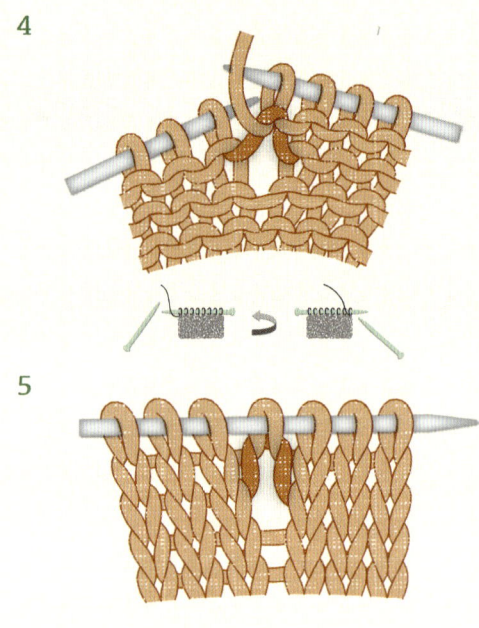

5

 돌려뜨기
뜨개코를 한 번 돌려 주는 기법. 무늬뜨기나 코 늘리기 등을 할 때 사용한다.

1
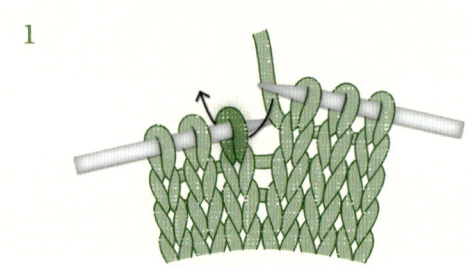

오른쪽 바늘을 뒤쪽에서 코를 돌리듯 넣는다.

2

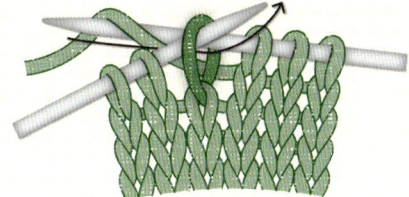

실을 걸고 앞쪽으로 끌어낸다.

3

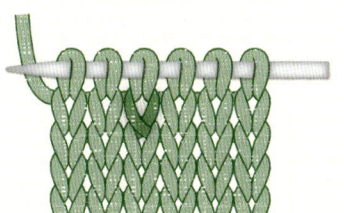

돌려뜨기 완성.

기호의 뜨개코는 아랫단에 생긴다!

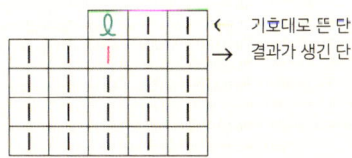

← 기호대로 뜬 단
→ 결과가 생긴 단

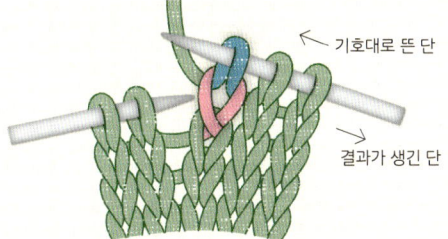

← 기호대로 뜬 단
← 결과가 생긴 단

 걸러뜨기
뜨개코를 뜨지 않고 그대로 오른쪽 바늘로 옮기기만 하는 기법.

1

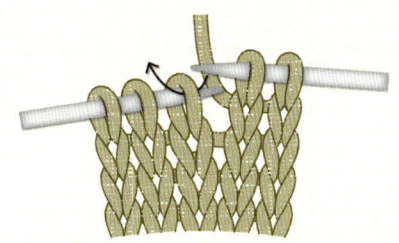

실을 뒤쪽에 두고, 오른쪽 바늘을 뒤쪽에서 넣어서 뜨지 않고 옮긴다.

2

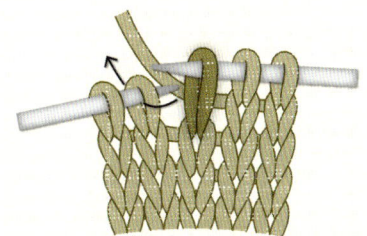

다음 코는 겉뜨기한다. 옮긴 코의 뒤쪽에 실이 걸쳐진다.

3

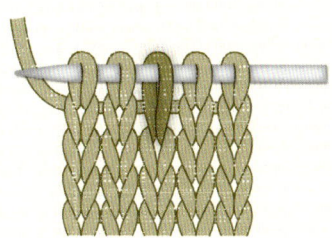

다음 단은 뜨개바탕을 돌려서 보통으로 안뜨기한다.

4

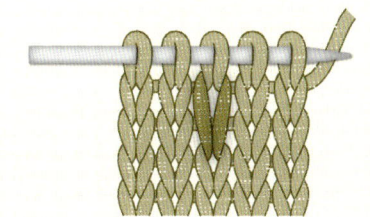

걸러뜨기 완성.

Basic Stitches — 기본 뜨개법

 오른코 겹쳐 2코 모아뜨기
겉코로 1코 줄이는 기법

 오른코 겹쳐 2코 모아 안뜨기
안코로 1코 줄이는 기법

1
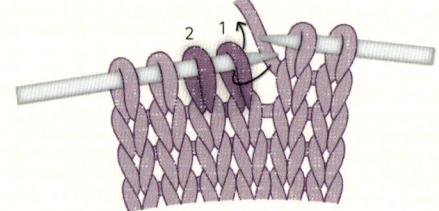
코1을 뜨지 않고 바늘을 코 앞쪽으로 넣어서 오른쪽 바늘로 옮긴다.

2
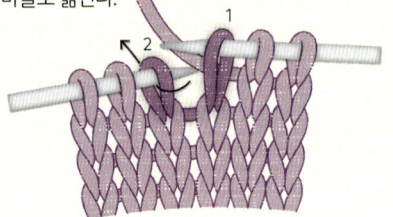
코2를 겉뜨기한다.

3
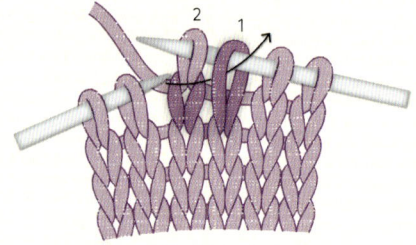
코1에 왼쪽 바늘을 넣는다.

4
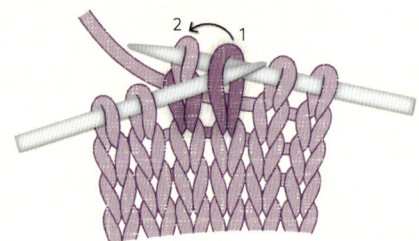
코1을 코2에 덮어씌운다.

5
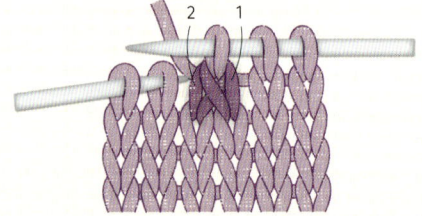
오른쪽 코1이 코2의 위에 겹쳐져서 1코 줄어든다.

1
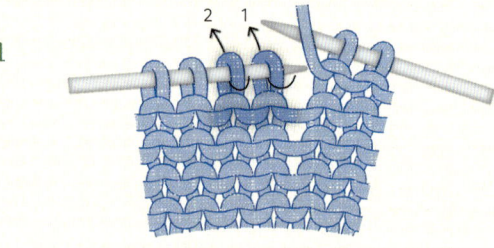
코1, 코2에 화살표처럼 오른쪽 바늘을 넣어서 코를 옮긴다.

2
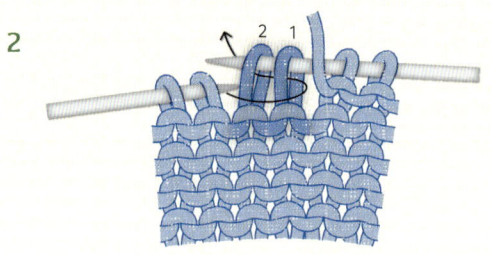
옮긴 코에 왼쪽 바늘을 넣어서 코를 다시 왼쪽 바늘로 옮긴다.

3
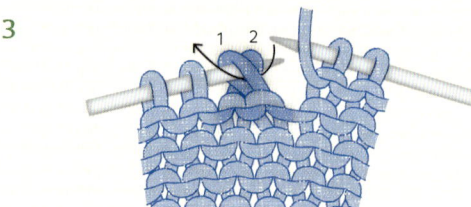
코1, 코2의 순서가 바뀌었다. 이 2코를 한 번에 안뜨기한다.

4

5
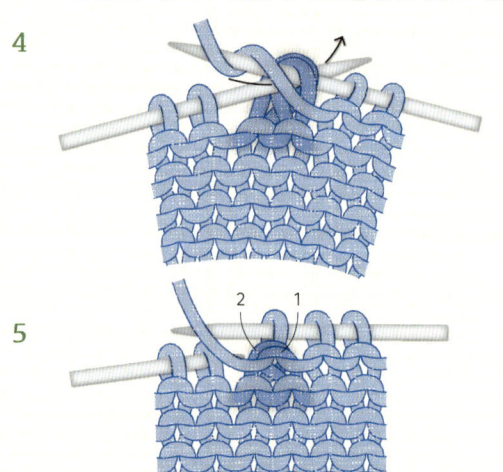
오른쪽의 코1이 코2의 위에 겹쳐져서 1코 줄어든다.

왼코 겹쳐 2코 모아뜨기
겉코로 1코 줄이는 기법

 왼코 겹쳐 2코 모아 안뜨기
안코로 1코 줄이는 기법

1
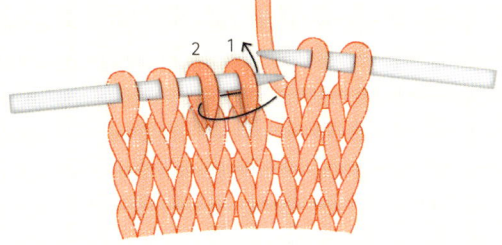
코2부터 2코를 한 번에 오른쪽 바늘에 넣는다.

1
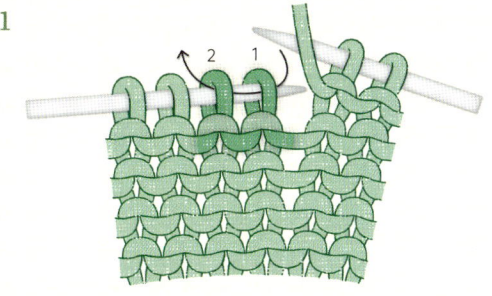
코1, 코2를 한 번에 오른쪽 바늘에 넣는다.

2
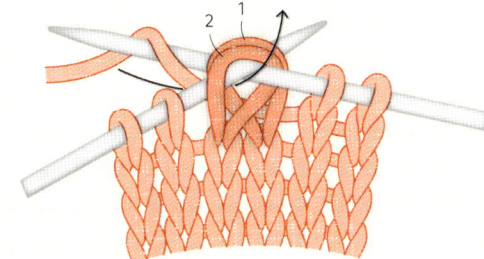
코1, 코2를 한 번에 겉뜨기한다.

2
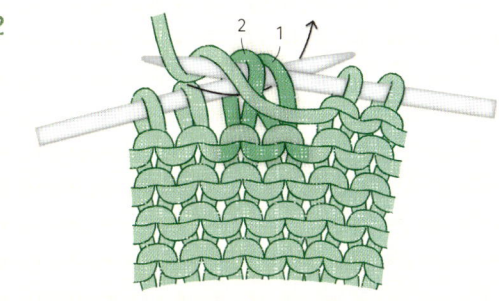
코1, 코2를 한 번에 안뜨기한다.

3
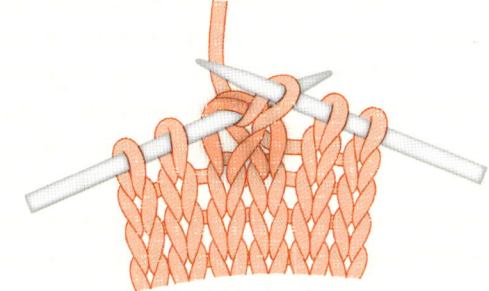
2코 안에서 실을 끌어낸 뒤에 왼쪽 바늘에서 2코를 뺀다.

3
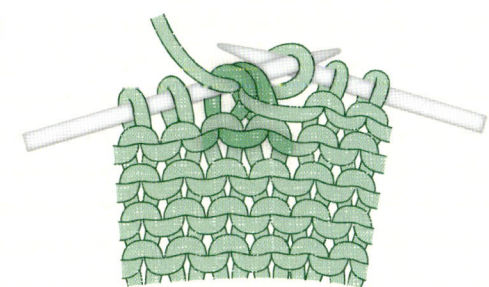
실을 끌어낸 뒤에 왼쪽 바늘에서 2코를 뺀다.

4
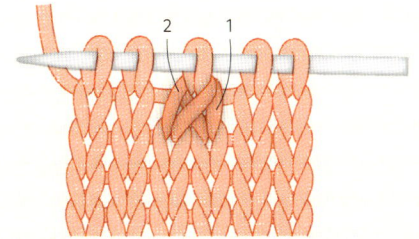
왼쪽의 코2가 코1 위에 겹쳐져서 1코가 줄어든다.

4
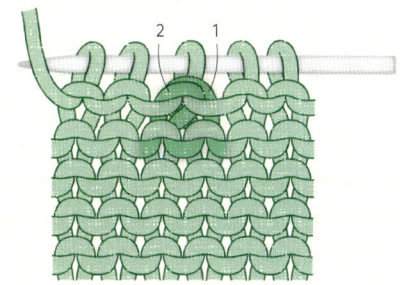
왼쪽의 코2가 코1 위에 겹쳐져서 1코가 줄어든다.

Basic Stitches — 기본 뜨개법

오른코 겹쳐 3코 모아뜨기
겉코로 2코를 줄이는 기법

1
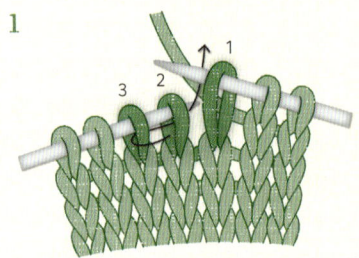
코1을 오른쪽 바늘로 옮기고 코2와 코3을 함께 겉뜨기한다. 코3이 코2 위에 겹쳐진다.

2
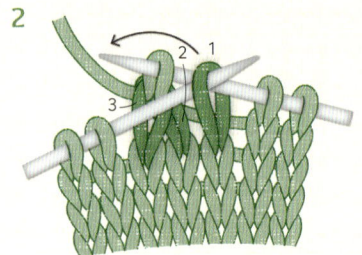
옮겨 둔 코1에 왼쪽 바늘을 넣고 방금 뜬 코에 덮어씌운다.

3
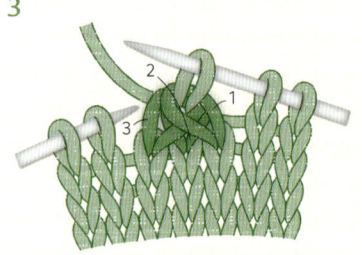
오른쪽의 코1이 코3과 코2 위에 겹쳐져서 2코가 줄어든다.

왼코 겹쳐 3코 모아뜨기
겉코로 2코를 줄이는 기법

1
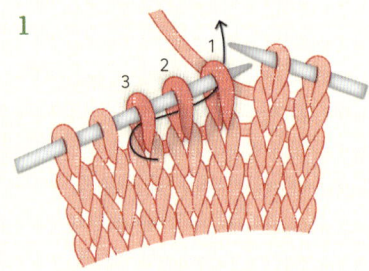
코3, 코2, 코1 순으로 화살표처럼 오른쪽 바늘을 한 번에 넣는다.

2
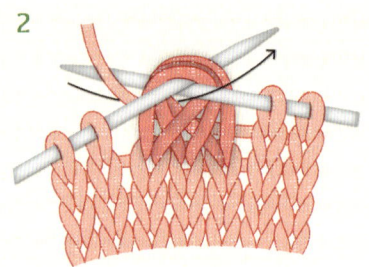
3코를 한 번에 겉뜨기한다.

3
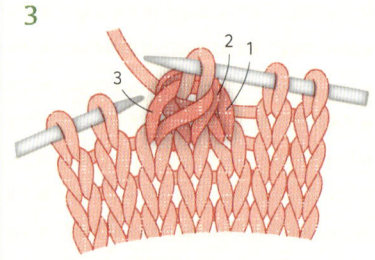
왼쪽의 코3이 코2, 코1 위에 겹쳐져서 2코가 줄어든다.

중심 3코 모아뜨기
겉코로 2코를 줄이는 기법

1
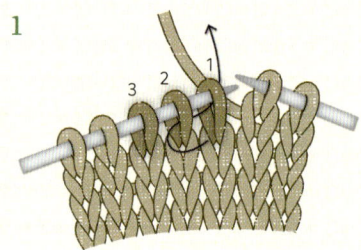
코2, 코1에 오른쪽 바늘을 화살표처럼 넣어서 뜨지 않고 옮긴다.

2
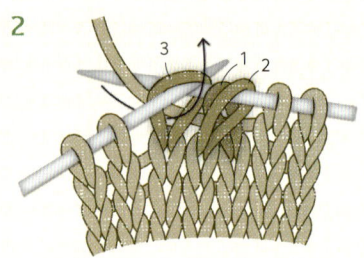
코3을 겉뜨기한다.

3
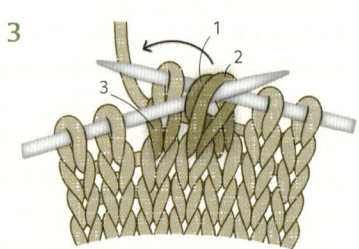
옮긴 코1, 코2를 코3에 덮어씌운다.

4
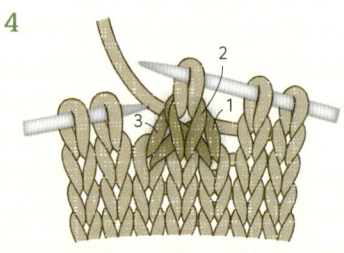
한가운데의 코2가 위가 되어서 좌우 코가 1코씩 줄어든다.

오른코 늘려뜨기
겉코의 오른쪽에서 1코 늘리는 기법

 오른코 늘려 안뜨기
안코의 오른쪽에서 1코 늘리는 기법

1
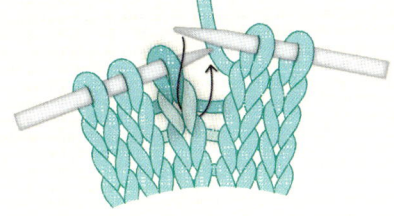
왼쪽 바늘의 1단 아래 코에 오른쪽 바늘을 앞쪽에서 넣는다.

1
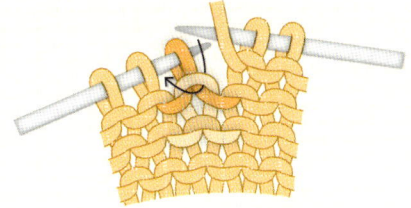
실을 앞쪽에 두고 왼쪽 바늘의 1단 아래 코에 오른쪽 바늘을 넣는다.

2

실을 걸고 겉뜨기한다.

2
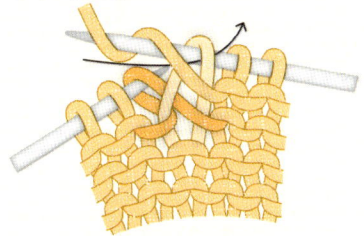
실을 걸고 안뜨기한다.

3
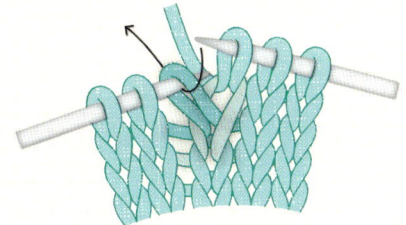
왼쪽 바늘에 걸려 있는 코도 겉뜨기한다.

3
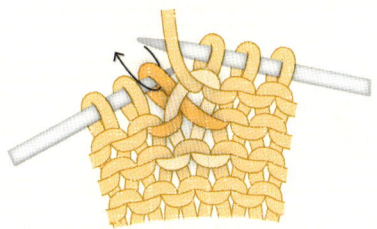
왼쪽 바늘에 걸려 있는 코도 안뜨기한다.

4
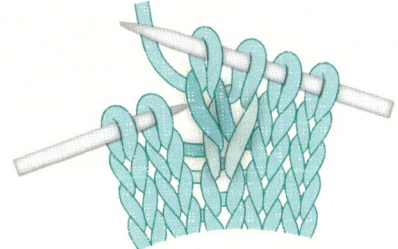

4
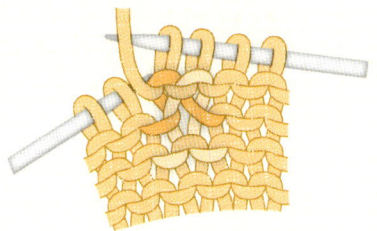

5
늘린 코

오른쪽에 겉코 1코가 늘었다.

5
늘린 코
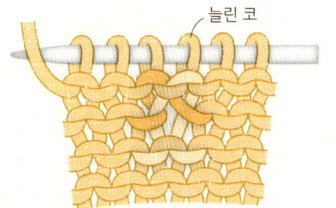
오른쪽에 안코 1코가 늘었다.

Basic Stitches — 기본 뜨개법

 왼코 늘려뜨기
겉코의 왼쪽에서 1코 늘리는 기법

1
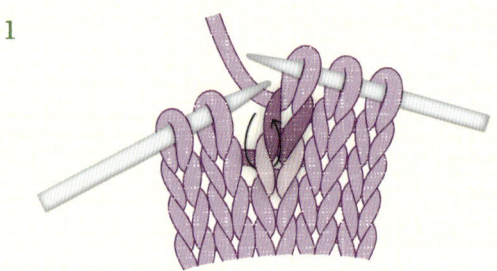
늘릴 위치의 코를 겉뜨기하고 그 코의 1단 아래 코에 왼쪽 바늘을 넣는다.

2
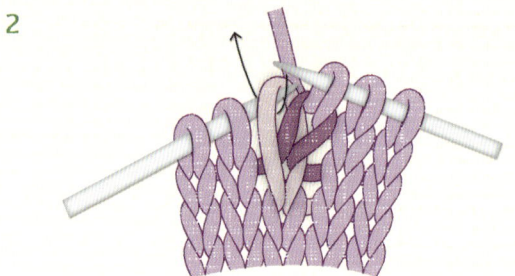
끌어올린 코를 겉뜨기한다.

3
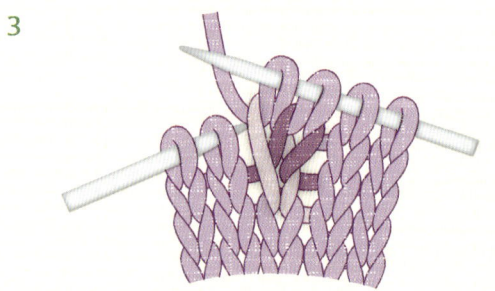

4
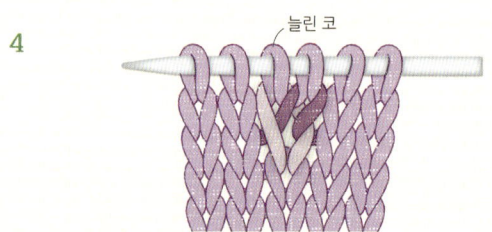
왼쪽에 겉코 1코가 늘었다.

 왼코 늘려 안뜨기
안코의 왼쪽에서 1코 늘리는 기법

1
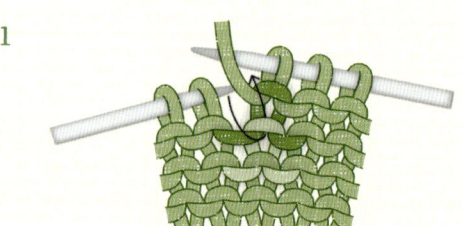
늘릴 위치의 코를 안뜨기하고 그 코의 1단 아래 코에 왼쪽 바늘을 넣는다.

2
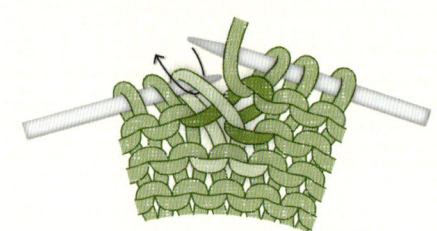
코를 끌어올린다.

3
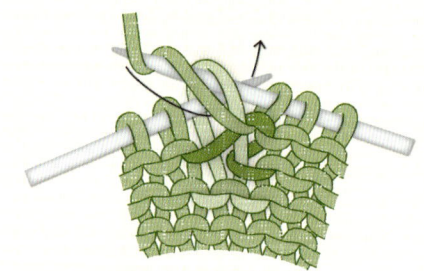
끌어올린 코를 안뜨기한다.

4

5
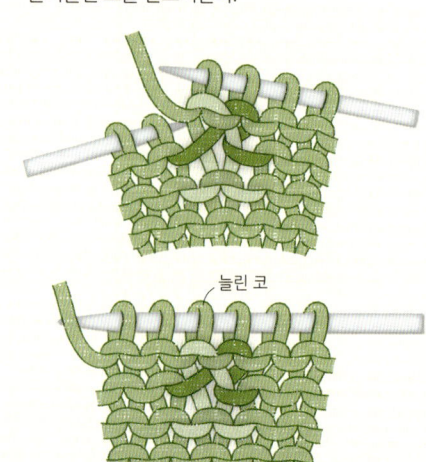
왼쪽에 안코 1코가 늘었다.

KNITTING BASICS

Decreases & Increases

코 줄이기와 코 늘리기

코 줄이기와 코 늘리기를 조합하면 전체 콧수에는 변함없이 레이스무늬를 만들 수 있어요.
여기에서는 가장자리에서 1코 줄이기, 가장자리 코를 세워서 1코 줄이기, 가장자리에서 2코 이상 줄이기,
가장자리 코를 세워서 1코 늘리기, 가장자리에서 2코 이상 늘리기를 설명합니다.
코 줄이기는 목둘레, 진동둘레, 소매산에, 코 늘리기는 소매 옆선 등에 사용합니다.

Decreases & Increases — 코 줄이기

코 줄이기

대바늘에 걸려 있는 뜨개코를 줄이는 것. 줄이는 법에는 1코와 2코 이상인 경우가 있고, 뜨개바탕 가장자리에서 줄이거나 뜨개바탕의 중간에서 몇 군데로 나눠서 줄입니다(중간 코 줄이기 또는 분산 코 줄이기). 코 줄이기 기호는 '오른코 겹쳐 2코 모아뜨기', '왼코 겹쳐 2코 모아뜨기'로 상세한 뜨는 법은 P.24, 25를 참조합니다.

● 1코 줄이기

좌우 같은 단에서 줄입니다.

가장자리에서 줄인다

가장자리 코가 위로 오는 방법(A)과 가장자리 코가 아래로 가는 방법(B)이 있습니다.

방법 A   가장자리 코가 늘어나므로 진동둘레나 목둘레 등 곡선 부분에 알맞다.

[겉코로 줄일 때]   오른쪽 가장자리에서는 '오른코 겹쳐 2코 모아뜨기', 왼쪽 가장자리에서는 '왼코 겹쳐 2코 모아뜨기'를 한다.

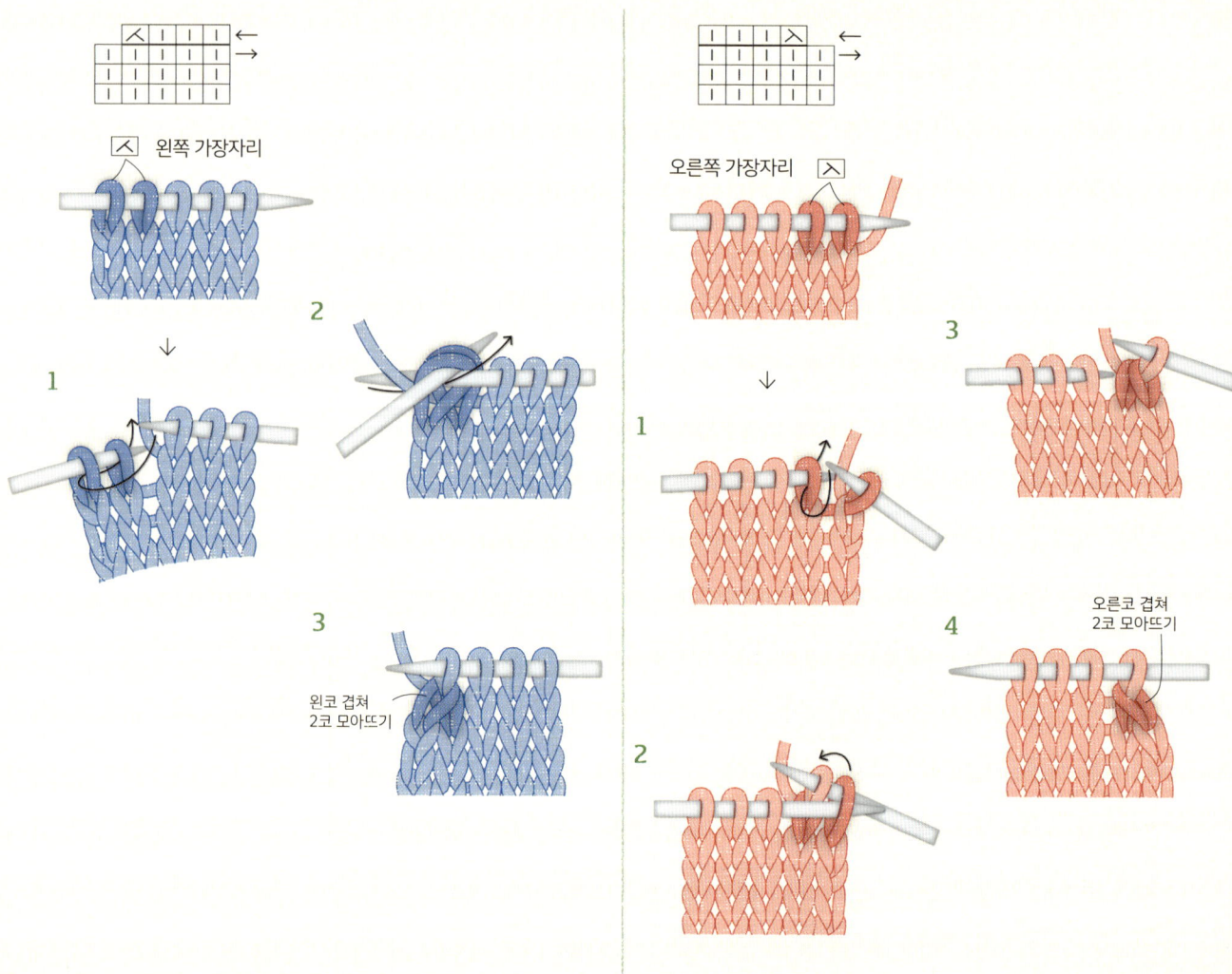

30

[안코로 줄일 때] 오른쪽 가장자리에서는 '오른코 겹쳐 2코 모아 안뜨기', 왼쪽 가장자리에서는 '왼코 겹쳐 2코 모아 안뜨기'를 한다.

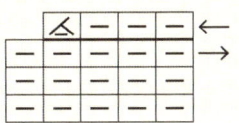

△ 왼쪽 가장자리

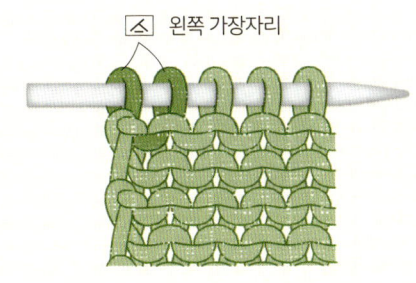

↓

1

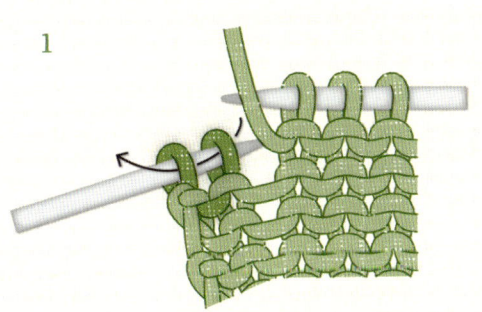

2

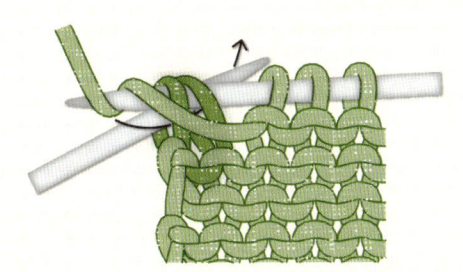

3

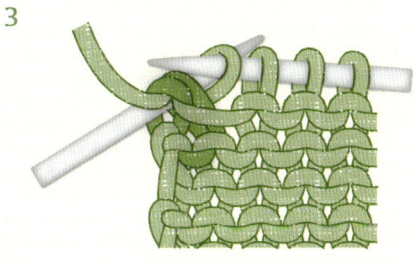

4

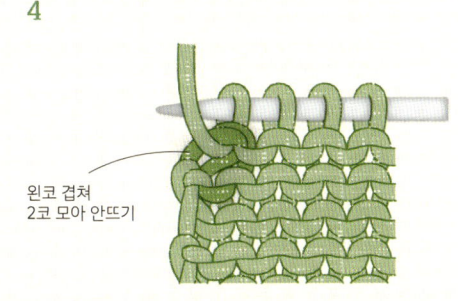

왼코 겹쳐
2코 모아 안뜨기

Decreases & Increases — 코 줄이기

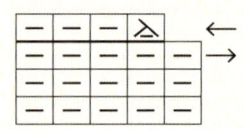

오른쪽 가장자리

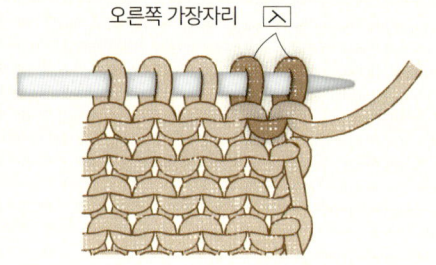

↓

1
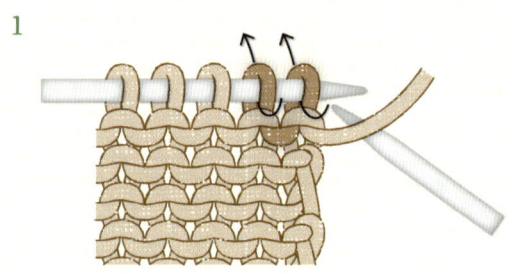

2
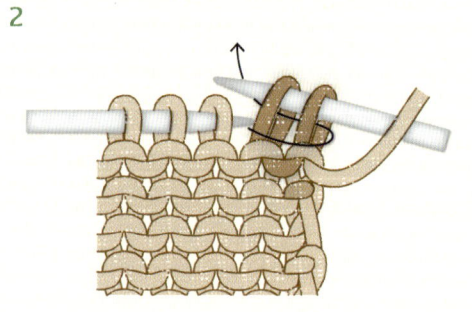

3
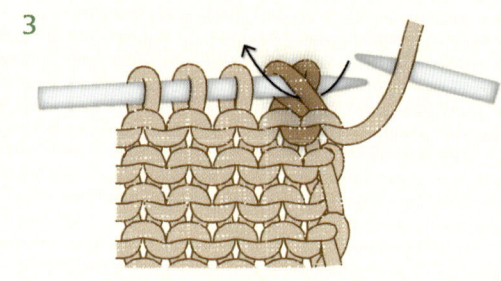

4
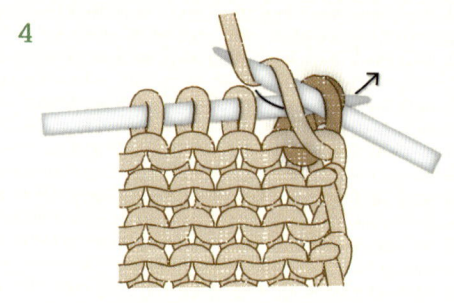

5
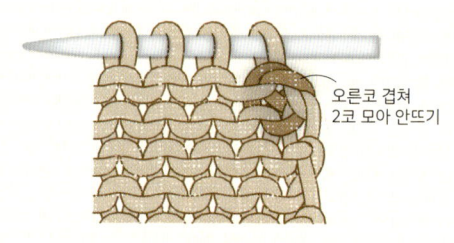

오른코 겹쳐 2코 모아 안뜨기

방법 B 줄인 코가 눈에 띄지 않으므로 잇기나 꿰매기, 코줍기가 없는 부분에 알맞다.

[겉코로 줄일 때]
오른쪽 가장자리에서는 '왼코 겹쳐 2코 모아뜨기', 왼쪽 가장자리에서는 '오른코 겹쳐 2코 모아뜨기'를 한다.

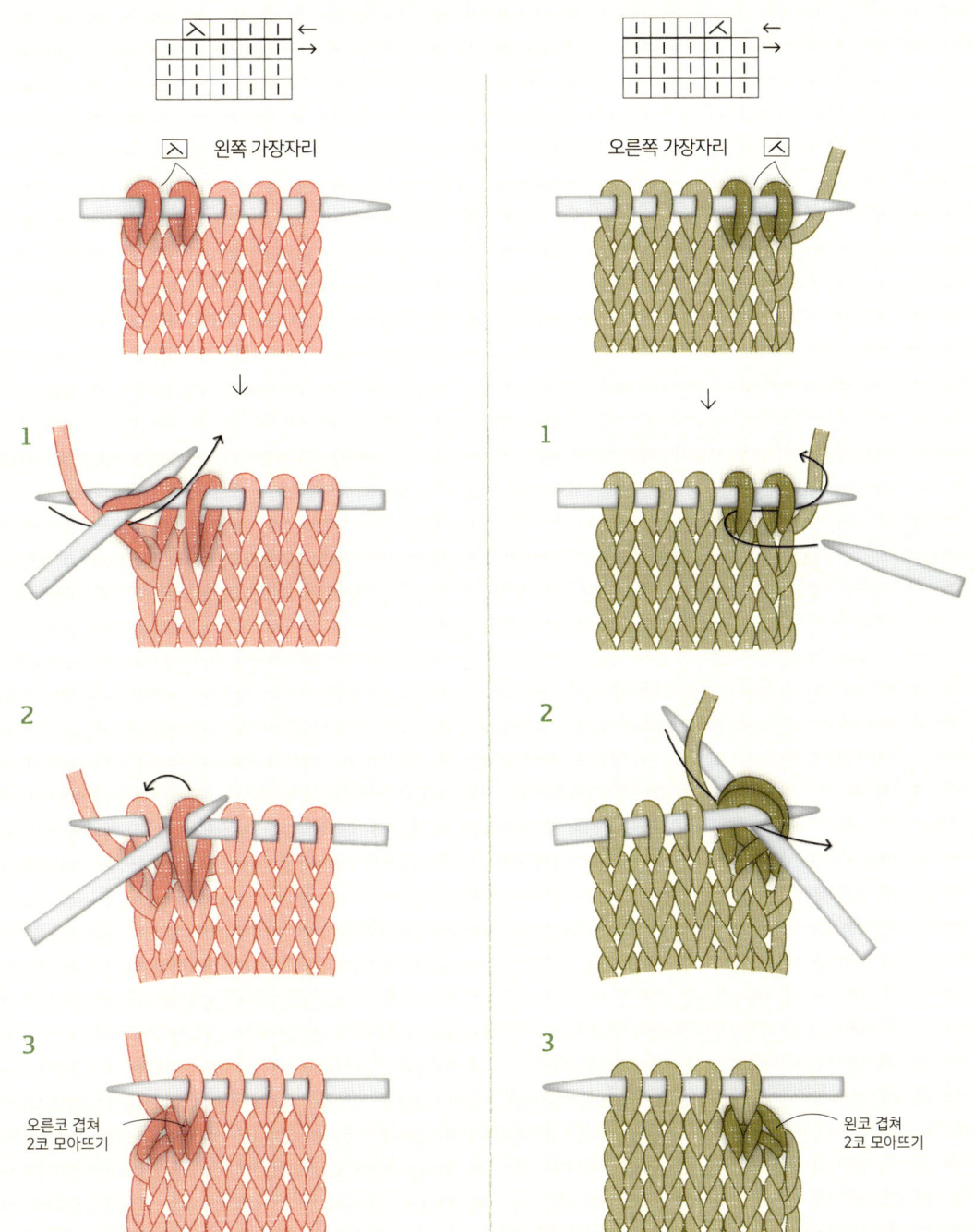

Decreases & Increases —— 코 줄이기

[안코로 줄일 때]
오른쪽 가장자리에서는 '왼코 겹쳐 2코 모아 안뜨기', 왼쪽 가장자리에서는 '오른코 겹쳐 2코 모아 안뜨기'를 한다.

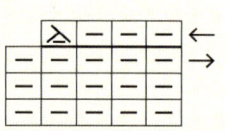

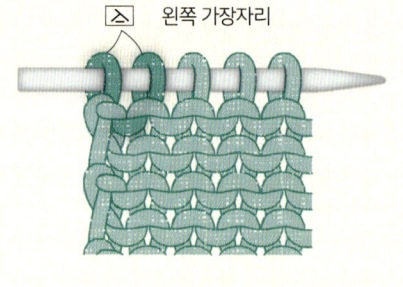
⊠ 왼쪽 가장자리

↓

1
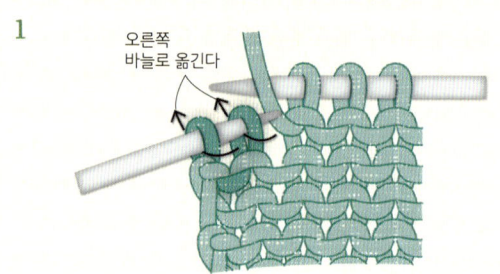
오른쪽 바늘로 옮긴다

2
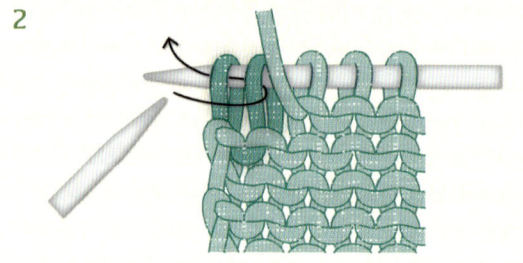

3
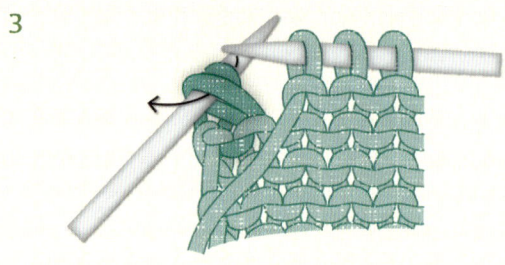

4
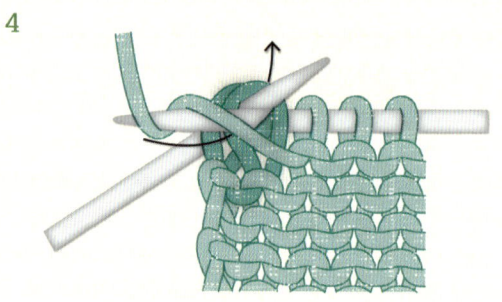

5
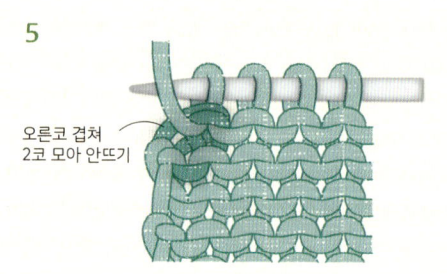
오른코 겹쳐 2코 모아 안뜨기

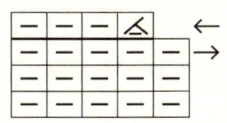

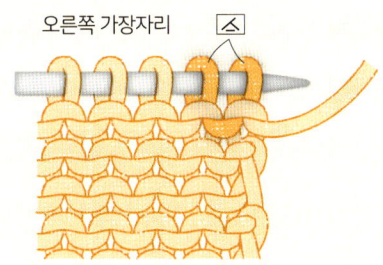

오른쪽 가장자리

↓

1
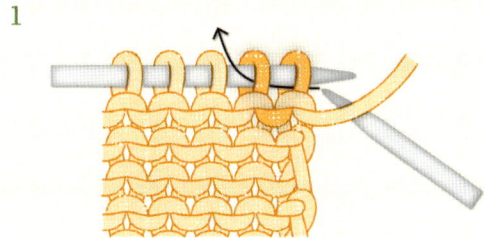

2
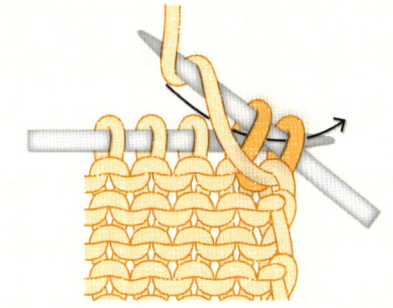

3
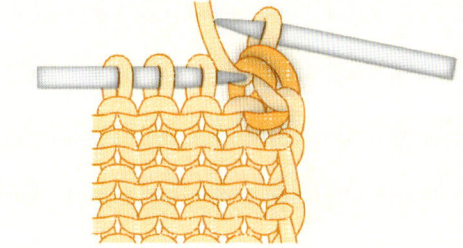

4
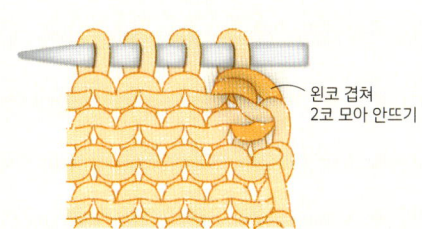

왼코 겹쳐
2코 모아 안뜨기

Decreases & Increases —— 코 줄이기

가장자리 코를 세워서 줄인다 1코 세워서 코 줄이기, 2코 세워서 코 줄이기, 3코 세워서 코 줄이기 등이 있습니다. '코를 세운다'는 것은 뜨개코를 흐트러뜨리지 않고 끼우는 것을 말합니다. 가장자리뜨기를 할 때 이 방법으로 코를 줄이면 가장자리 코를 줍기 쉽습니다.

[1코 세워서 코 줄이기] 가장자리에서 둘째 코를 줄인다. 가장자리 코가 잘 늘어나지 않고 줄인 코 위치도 눈에 띄지 않는다. 뜨개도안은 두 가지가 있지만 뜨는 법은 같다.

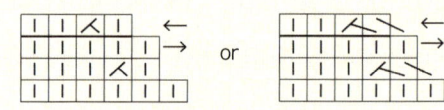

왼쪽 1코 세워서 코 줄이기 　　　　　　오른쪽 1코 세워서 코 줄이기

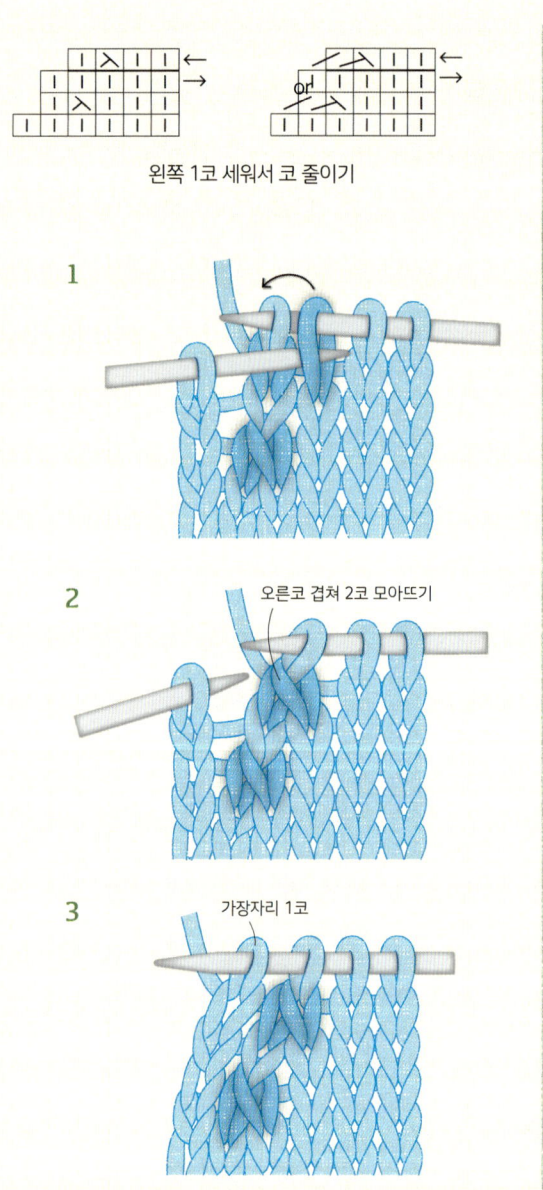
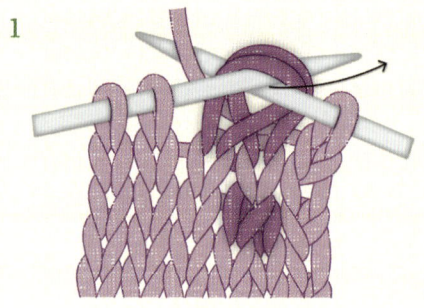
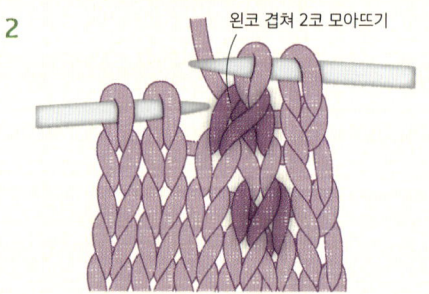
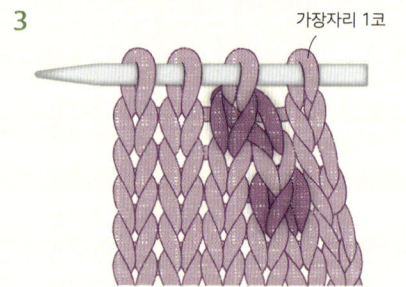

1

2 　오른코 겹쳐 2코 모아뜨기 　　　　　 2 　왼코 겹쳐 2코 모아뜨기

3 　가장자리 1코 　　　　　　　　　　　 3 　가장자리 1코

왼쪽 가장자리의 1코가 서고 둘째 코가 줄었다. 　　오른쪽 가장자리의 1코가 서고 둘째 코가 줄었다.

[2코 세워서 코 줄이기]

가장자리에서 둘째 코가 셋째 코의 위에 오도록 2코 모아뜨기로 코를 줄이면 가장자리의 2코가 꿰어진다. 뜨개도안은 두 가지가 있지만 뜨는 법은 같다.

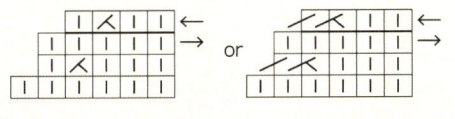

왼쪽 2코 세워서 코 줄이기

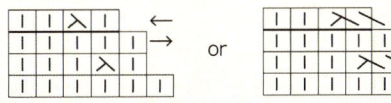

오른쪽 2코 세워서 코 줄이기

1
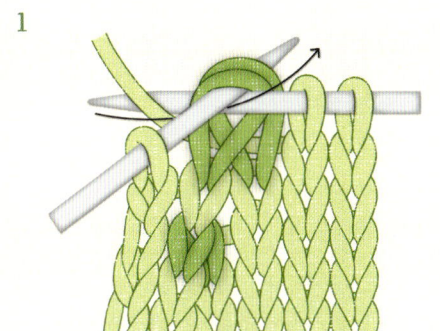

1

2 왼코 겹쳐 2코 모아뜨기
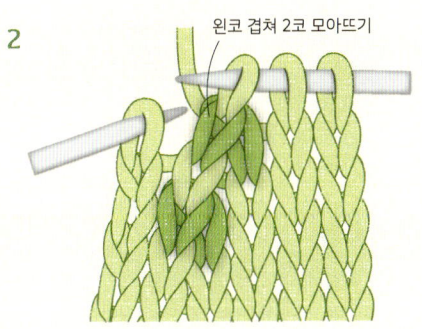

2 오른코 겹쳐 2코 모아뜨기
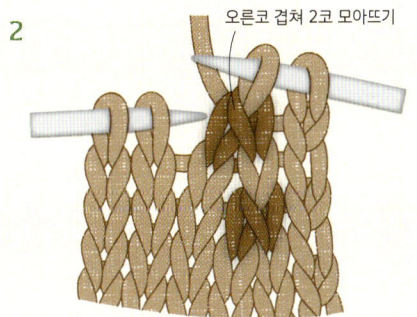

3 가장자리 2코
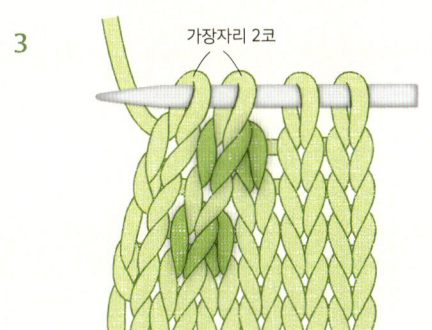

왼쪽 가장자리의 2코가 서고 셋째 코가 줄었다.

3 가장자리 2코
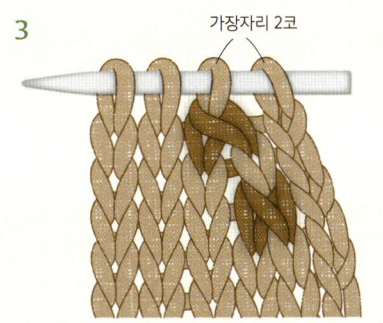

오른쪽 가장자리의 2코가 서고 셋째 코가 줄었다.

Decreases & Increases —— 코 줄이기

2코 이상 줄이기

2코 이상을 계속해서 줄이는 것을 '덮어씌우기'라고 하며 진동둘레나 목둘레, 소매산의 완만한 곡선을 만드는 데 사용합니다. 이 코 줄이기는 실이 있는 쪽에서 하는 것이라서 줄이는 단이 좌우에서 1단 어긋납니다.

첫 번째 덮어씌우기 첫 번째는 뜨개바탕 가장자리에 모서리를 만들기 위해서 처음 1코는 보통으로 뜨고 둘째 코에 덮어씌웁니다.

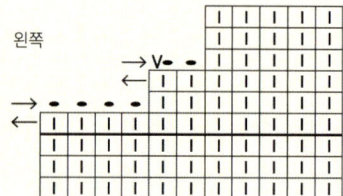

(오른쪽의 첫 번째) 뜨개바탕의 겉을 보고 뜬다.

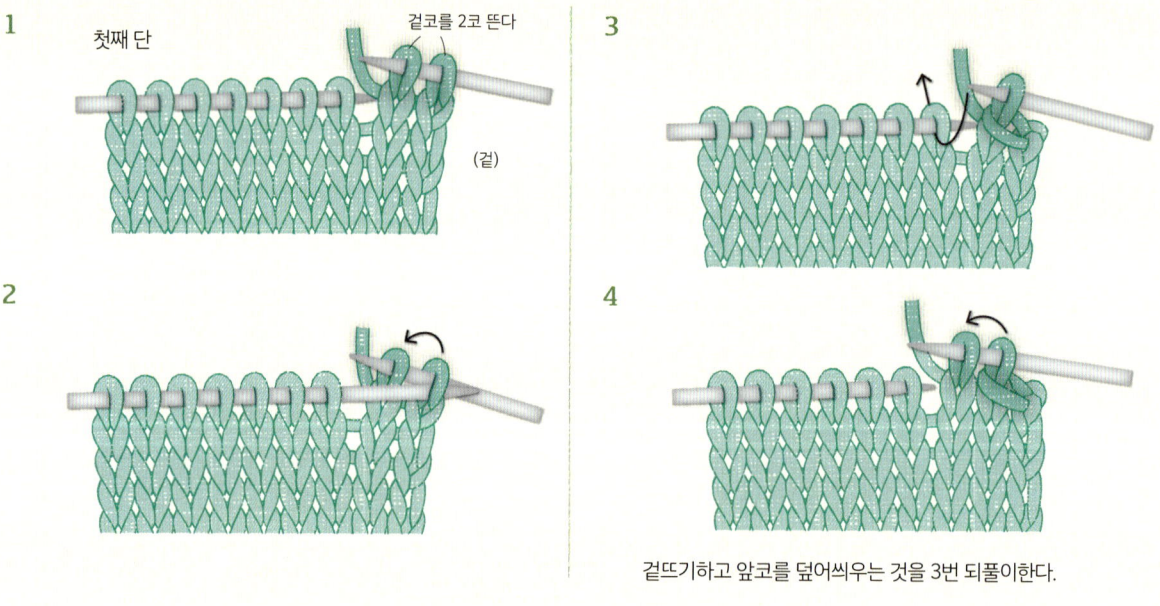

겉뜨기하고 앞코를 덮어씌우는 것을 3번 되풀이한다.

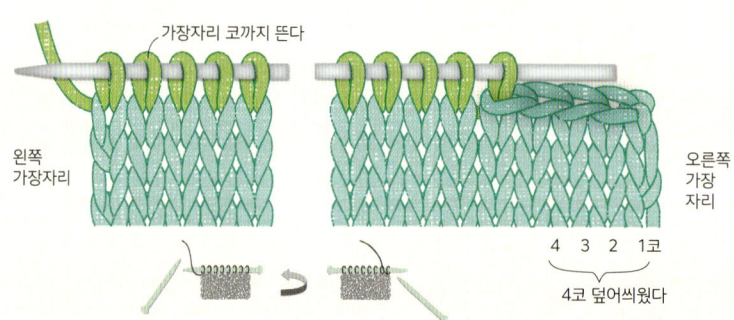

오른쪽
→ 4
← 3
→ 2
'덮어씌우기' 기호로 한다
← 1단
→

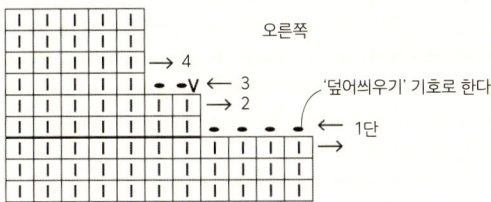

(왼쪽의 첫 번째) 뜨개바탕을 돌려서 안을 보고 뜬다.

6

둘째 단
안코를 2코 뜬다
(안)

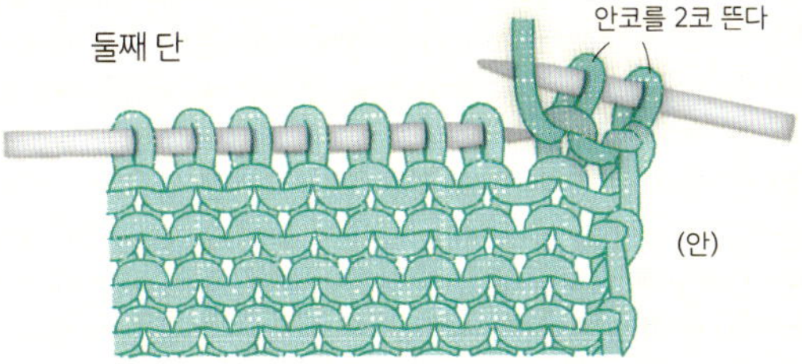

7

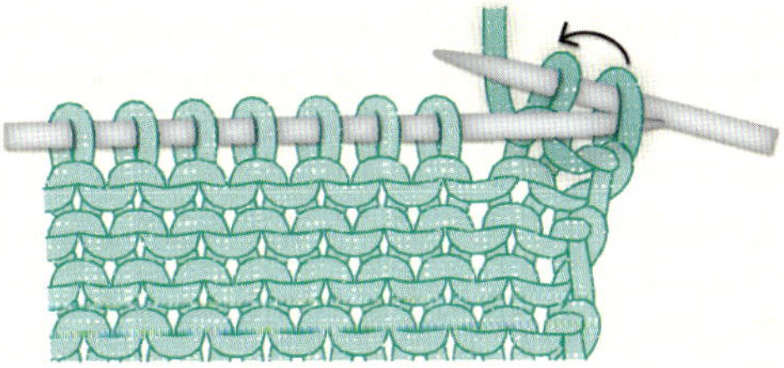

8

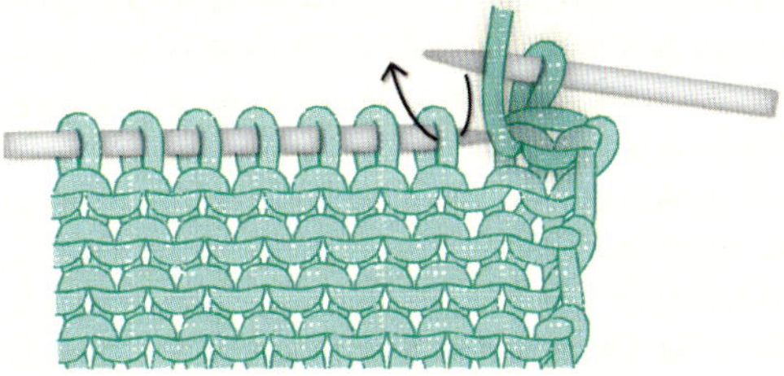

9

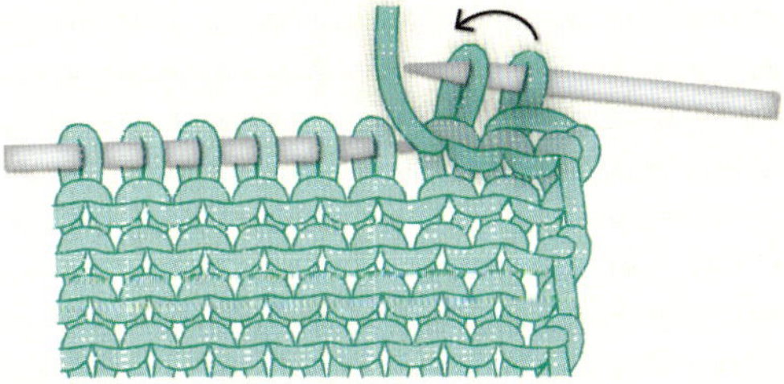

안뜨기하고 앞코를 덮어씌우는 것을 3번 되풀이한다.

10

오른쪽
가장
자리
왼쪽
가장
자리
4 3 2 1코
4코 덮어씌웠다

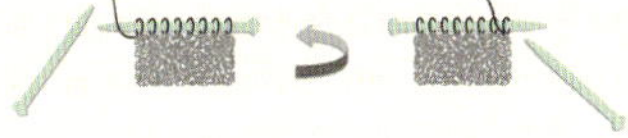

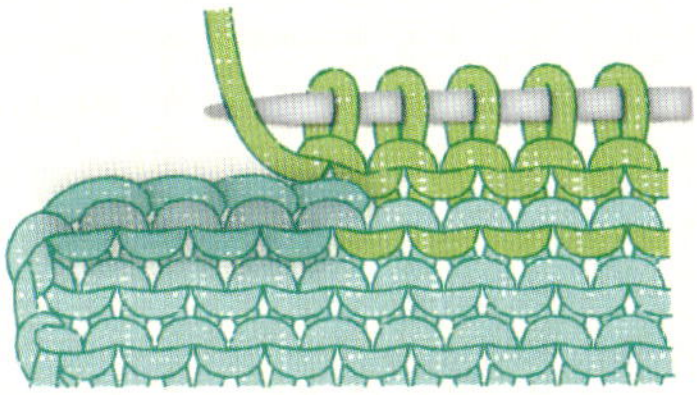

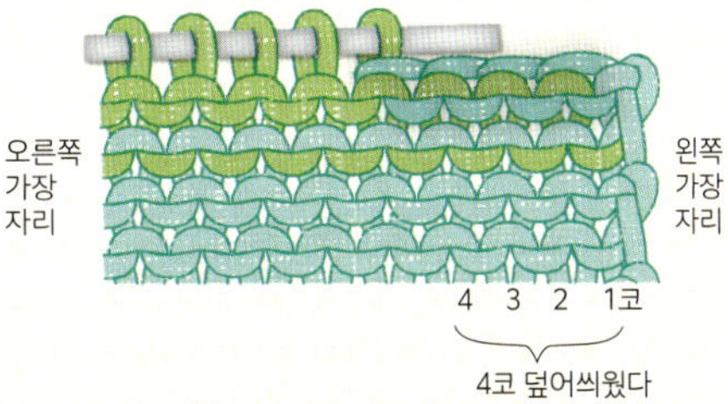

Decreases & Increases — 코 줄이기

두 번째 덮어씌우기 두 번째 이후에는 뜨개바탕 가장자리를 완만하게 만들기 위해서 처음 1코는 뜨지 않고 옮기고 다음 둘째 코를 뜨고 첫째 코를 둘째 코에 덮어씌웁니다.

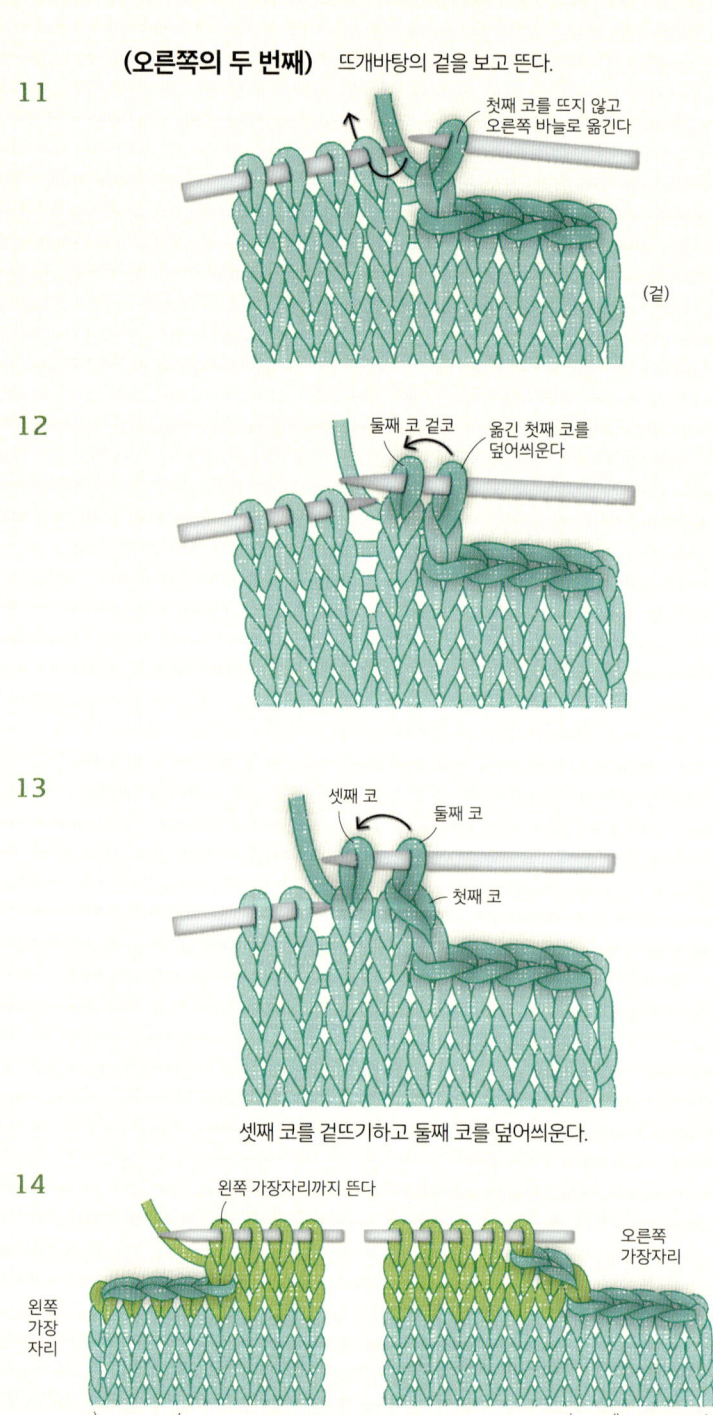

(왼쪽의 두 번째) 뜨개바탕의 안을 보고 뜬다.

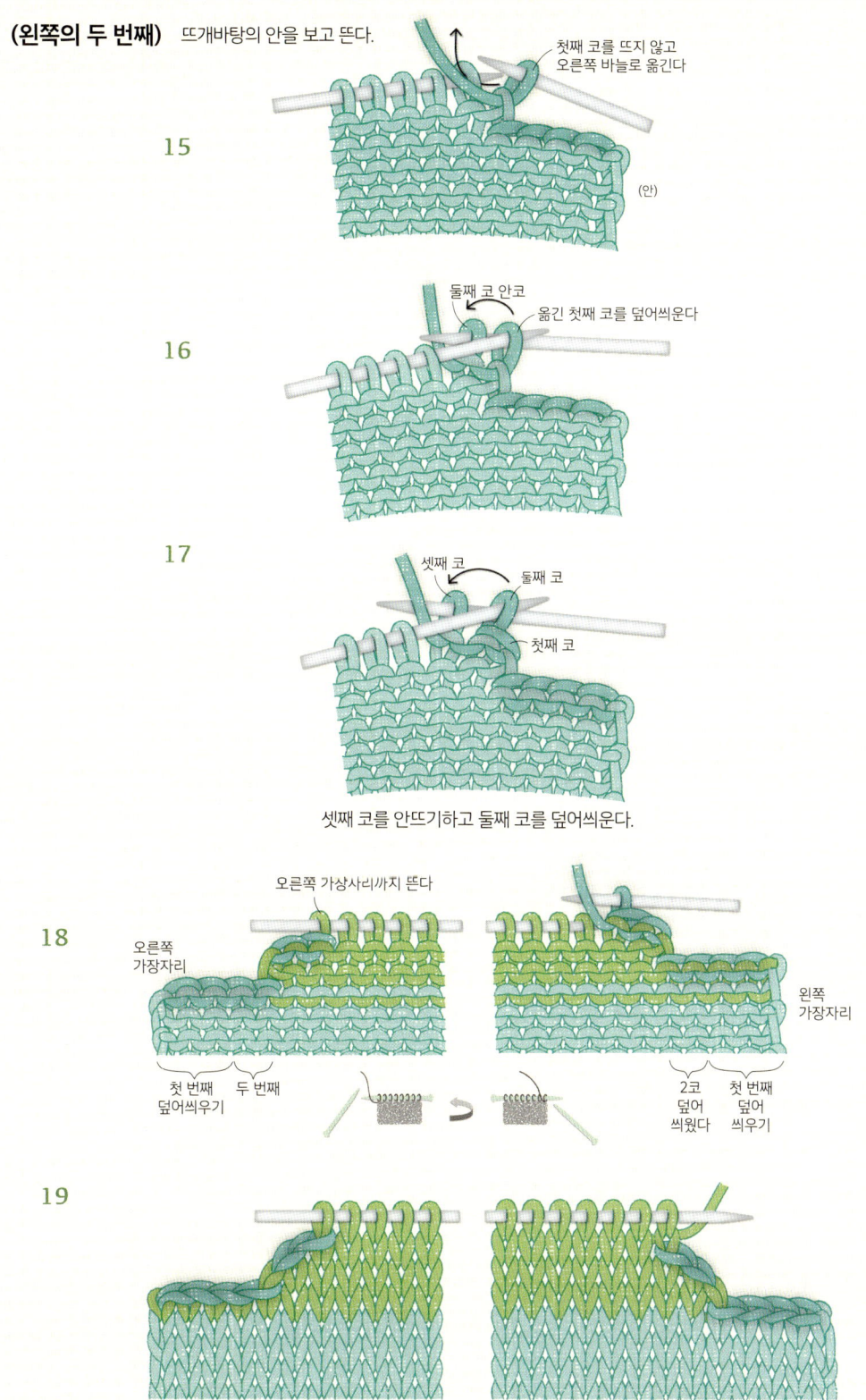

셋째 코를 안뜨기하고 둘째 코를 덮어씌운다.

18의 뜨개바탕을 돌려서 겉에서 본 상태. 짙은 파랑색으로 표시된 덮어씌우기가 줄어든 코.

Decreases & Increases —— 코 늘리기

코 늘리기　대바늘에 걸려 있는 뜨개코를 늘리는 것. 늘리는 법에는 1코와 2코 이상인 경우가 있고, 뜨개바탕 가장자리에서 늘릴 때는 가장자리 1코는 보통으로 뜨고 둘째 코에서 늘리는 편이 뜨개바탕 가장자리가 차분하고 나중에 잇기도 쉽습니다.

● **1코 늘리기**　좌우 같은 단에서 늘립니다.

1코 세워서 코 늘리기　겉코에서 늘리는 경우. 가장자리에서 둘째 코에서 코 늘리기를 합니다. 늘리는 단과 단 사이가 비어 있을 때 알맞습니다.

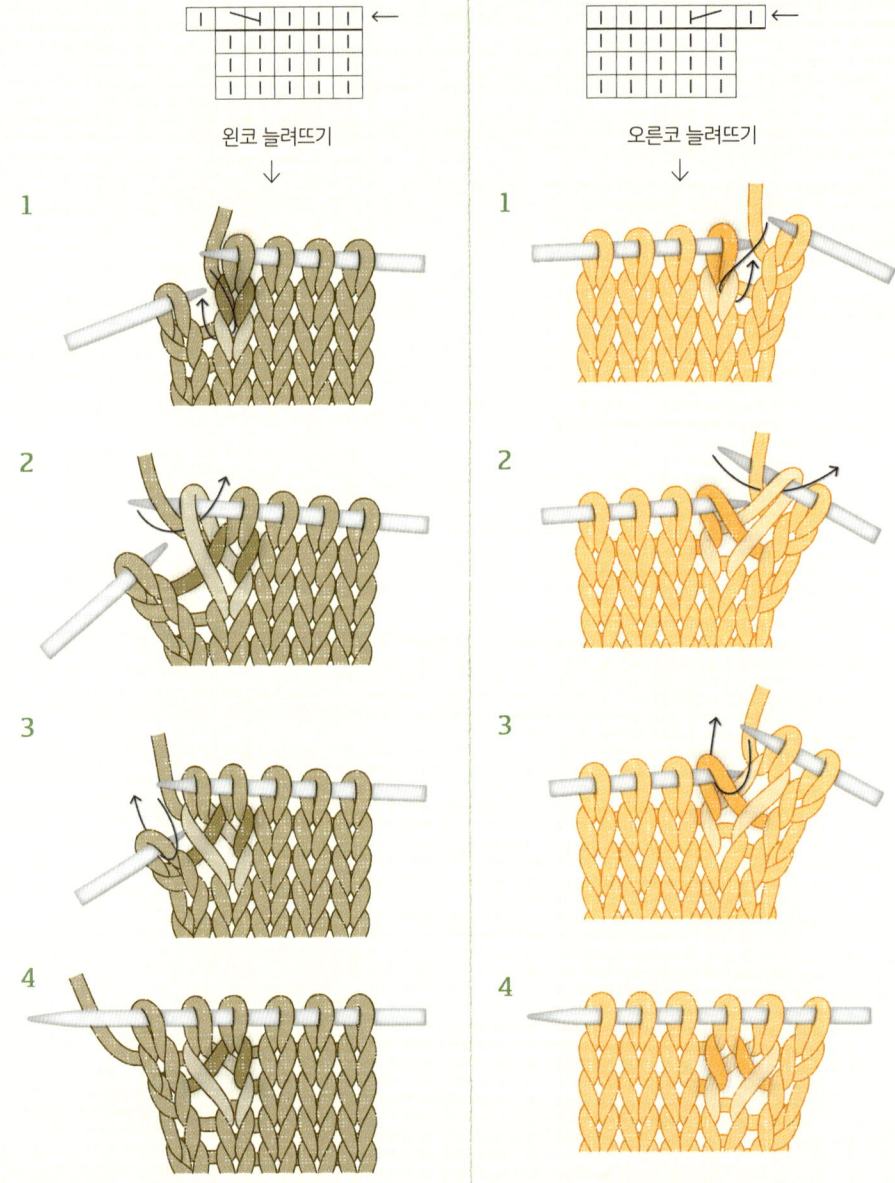

돌려뜨기로 코 늘리기

겉코에서 늘리는 경우. 뜨개코와 뜨개코 사이에 걸쳐진 실을 돌려서 늘리는 방법이며 돌려뜨기한 코는 좌우대칭이 되어서 가는 실이나 잘 미끄러지는 실에 알맞습니다.

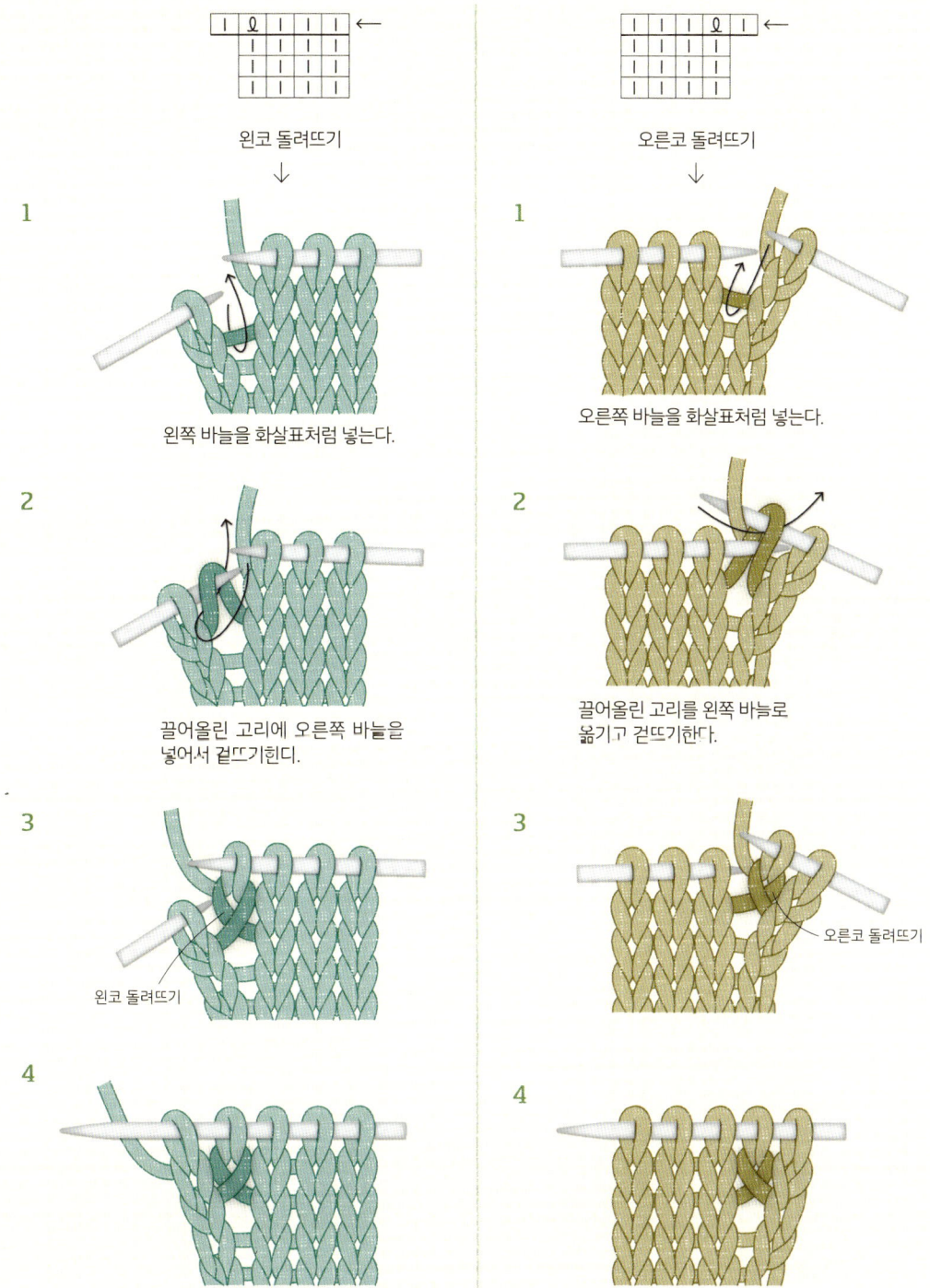

Decreases & Increases — 코 늘리기

🟢 2코 이상 늘리기
한 번에 2코 이상 늘리기는 실이 있는 쪽에서 하는 것이라서 단이 좌우에서 1단 어긋납니다. 프렌치소매의 소매 옆선 등에서 자주 사용합니다.

감아코 만들기로 코 늘리기
뜨개바탕의 겉을 보고 대바늘에 실을 감아서 코를 늘리는 방법. 간단하게 할 수 있으며 굵은 실에도 알맞습니다.

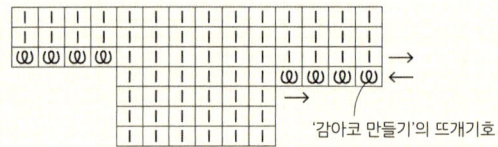

'감아코 만들기'의 뜨개기호

(오른쪽) 겉뜨기 단의 시작 부분에서 늘린다.

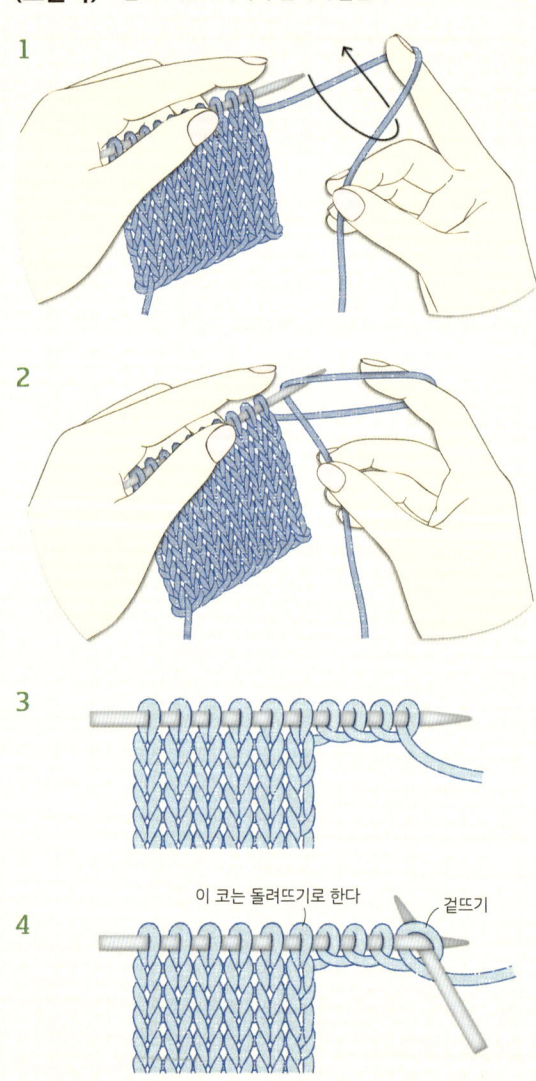

이 코는 돌려뜨기로 한다   겉뜨기

(왼쪽) 겉뜨기 단의 끝 부분에서 늘린다.

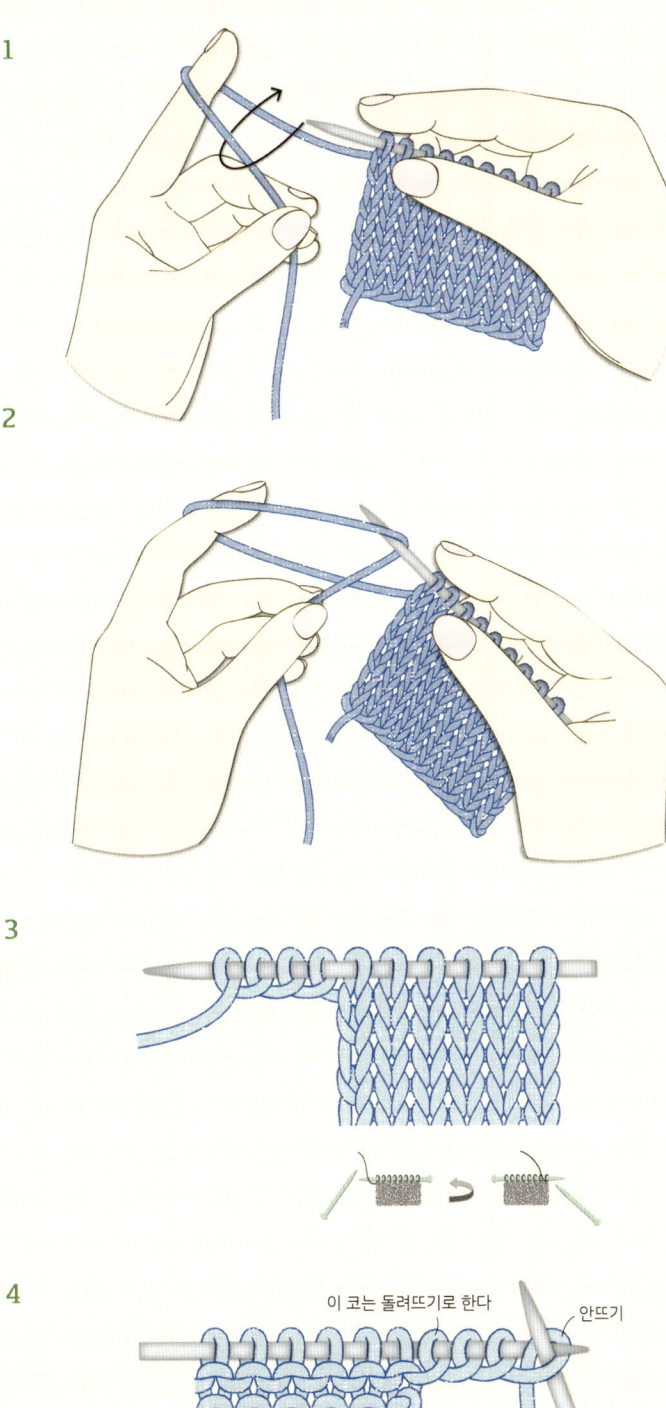

뜨면서 코 늘리기

뜨기 시작 쪽에서 오른쪽 방향에 1코씩 뜨고, 뜬 코를 대바늘에 걸어서 코를 늘리는 법. '감아 코 만들기로 코 늘리기'보다 늘린 코에 두께가 생겨 단단하기 때문에 가는 실에 알맞습니다.

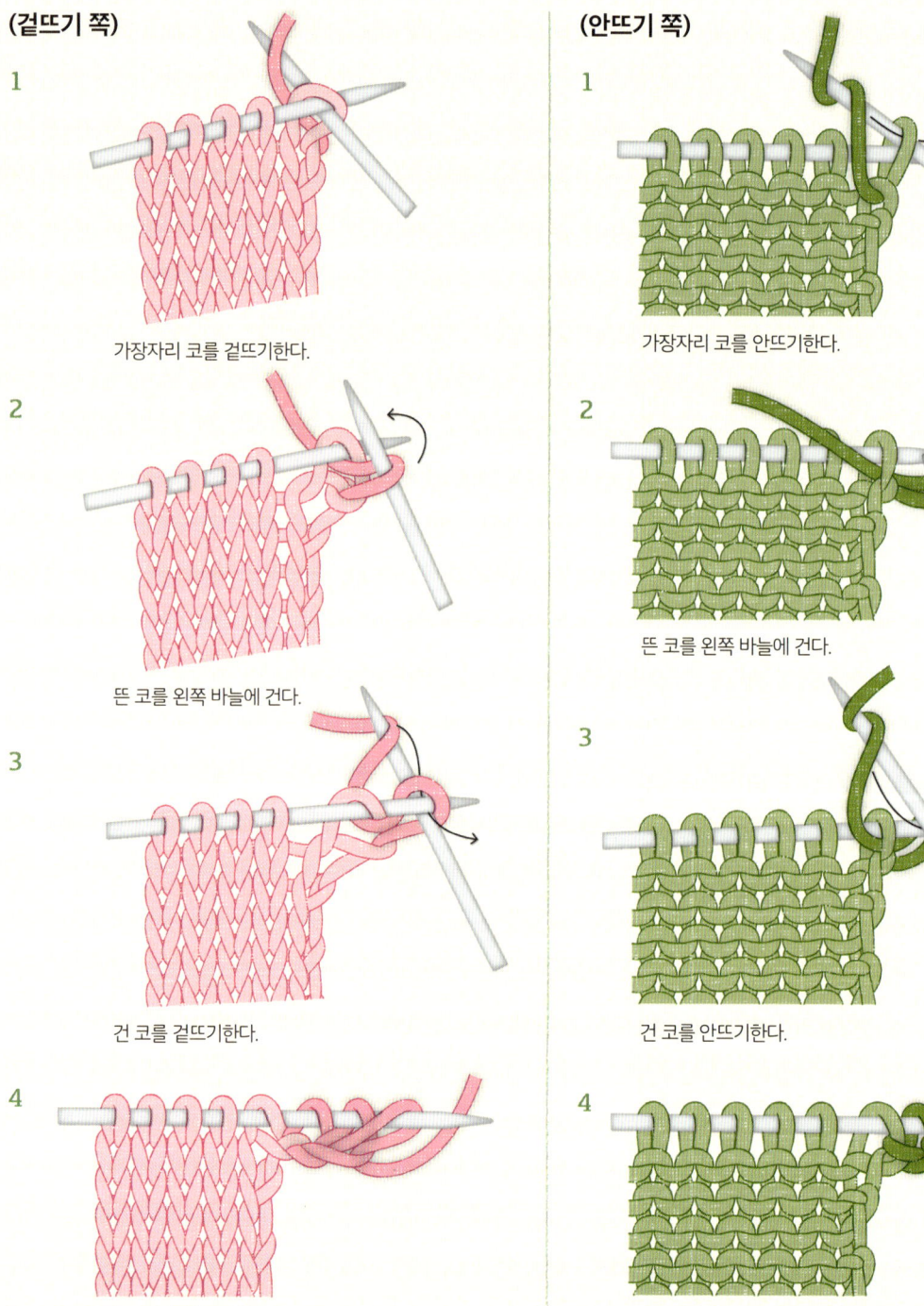

(겉뜨기 쪽)

1 가장자리 코를 겉뜨기한다.

2 뜬 코를 왼쪽 바늘에 건다.

3 건 코를 겉뜨기한다.

4 2, 3을 되풀이하여 필요한 콧수만큼 만든다.

(안뜨기 쪽)

1 가장자리 코를 안뜨기한다.

2 뜬 코를 왼쪽 바늘에 건다.

3 건 코를 안뜨기한다.

4 2, 3을 되풀이하여 필요한 콧수만큼 만든다.

Popular Knit Patterns
많이 사용하는 무늬뜨기

코를 교차시켜 만드는 꽈배기무늬, 걸기코와 코 줄이기를 조합하여 만드는 레이스뜨기무늬,
작은 공 모양 장식을 만드는 구슬뜨기무늬, 뜨개코를 세로 방향으로 2단만큼 늘이는 끌어올려뜨기무늬,
편편한 메리야스뜨기의 색을 바꿔서 무늬를 만드는 배색무늬. 이 다섯 종류의 무늬뜨기는 겉코와 안코뿐인
뜨개코가 다양하게 변화하는 재미있는 기법입니다. 전통적인 아란 스웨터나 페어 아일 스웨터,
노르딕 스웨터 등 여러 가지 무늬에도 꼭 도전해 보세요.

Popular Knit Patterns —— 꽈배기무늬

꽈배기무늬 코와 코를 교차시키면 꽈배기무늬를 만들 수 있습니다. 바탕을 안코로 하고 겉코로 교차시키면 꽈배기무늬가 부조 무늬처럼 입체적이 됩니다. 교차뜨기는 콧수와 교차하는 방향에 따라 다양한 조합이 생기는데 여기에서는 1코 교차뜨기, 2코 교차뜨기, 2코와 1코 교차뜨기 하는 법을 소개합니다. 교차시키는 어떤 코를 잠깐 쉬게 둘 때 꽈배기바늘(P.85 참조)이라는 전용 바늘을 사용하면 뜨개코가 빠지지 않아서 뜨기 쉽습니다.

● 1코 교차뜨기

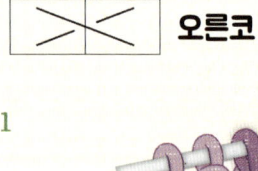 **오른코 교차뜨기**

1
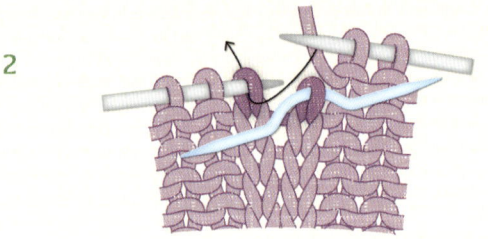
꽈배기 바늘을 오른쪽 코의 뒤쪽에서 넣어서 앞쪽에 쉬게 둔다.

2

왼쪽 코를 겉뜨기한다.

3
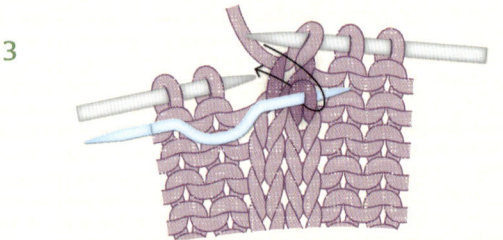
꽈배기 바늘의 코를 겉뜨기한다.

4
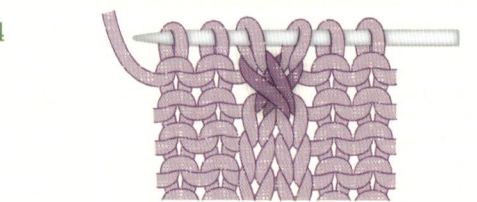
오른코 교차뜨기 완성.

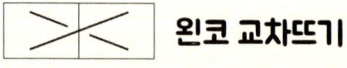 **왼코 교차뜨기**

1
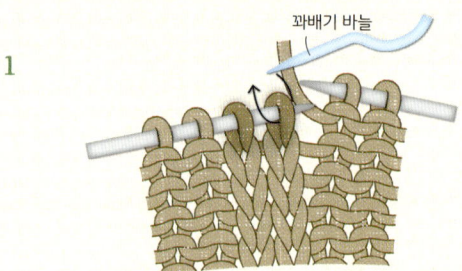
오른쪽 코를 꽈배기 바늘로 잡아서 뒤쪽에 쉬게 둔다.

2
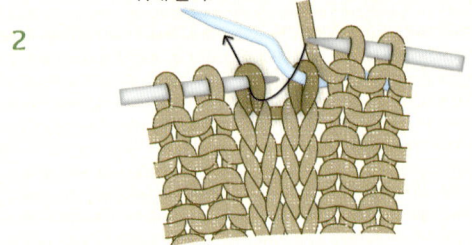
왼쪽 코를 겉뜨기한다.

3
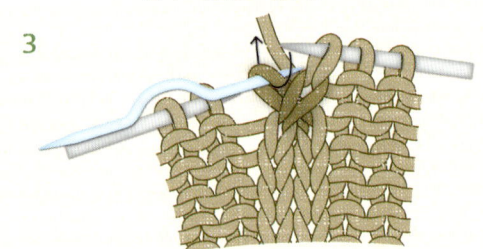
꽈배기 바늘의 코를 겉뜨기한다.

4
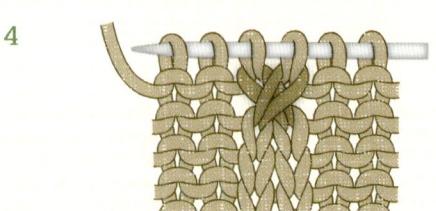
왼코 교차뜨기 완성.

덮어씌워 교차뜨기

오른코 덮어씌워 교차뜨기

1
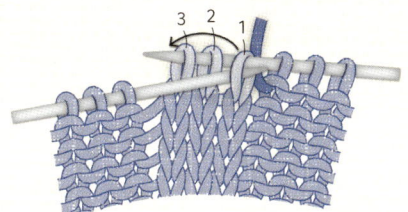
3코를 오른쪽 바늘로 옮기는데 오른쪽 끝의 코1의 방향을 바꾸고 그 코에 왼쪽 바늘을 넣어서 코2, 코3에 덮어씌운다.

2
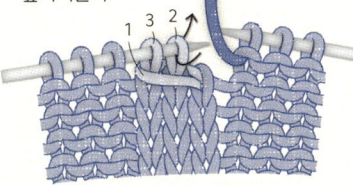
코2, 코3을 왼쪽 바늘로 옮기고 코2를 겉뜨기한다.

3
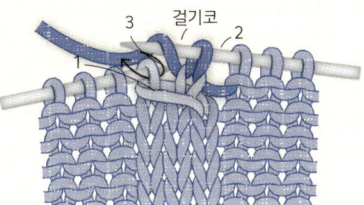
다음으로 걸기코를 하고 코3을 겉뜨기한다(걸기코를 해서 원래대로 3코로 돌아간다).

4
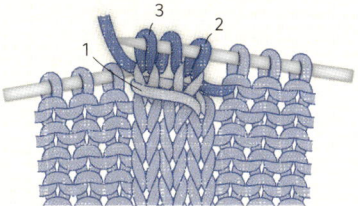
오른코 덮어씌워 교차뜨기 완성.

5
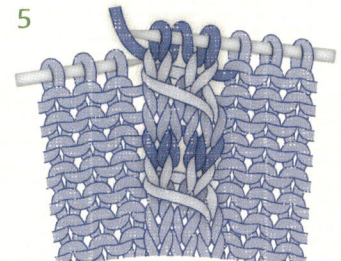

왼코 덮어씌워 교차뜨기

1
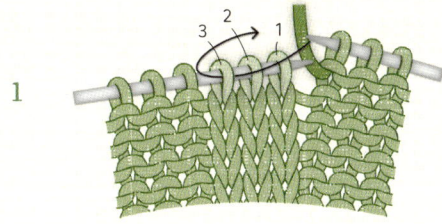
왼쪽 바늘의 코3에 오른쪽 바늘을 넣어서 코2, 코1에 덮어씌운다.

2
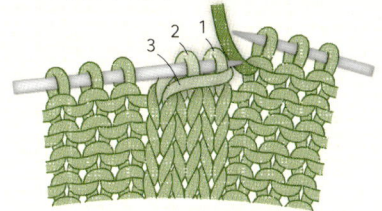
덮어씌웠으면 오른쪽 바늘을 뺀다.

3
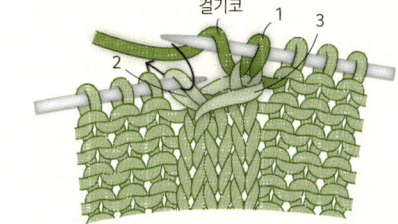
코1을 겉뜨기한 다음에 걸기코를 한다. 코2를 겉뜨기한다(걸기코를 해서 원래대로 3코로 돌아간다).

4
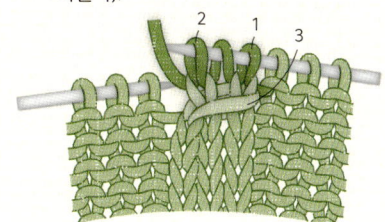
왼코 덮어씌워 교차뜨기 완성.

5

Popular Knit Patterns —— 꽈배기무늬

🟢 2코 교차뜨기

⧖ 오른코 위 2코 교차뜨기

1

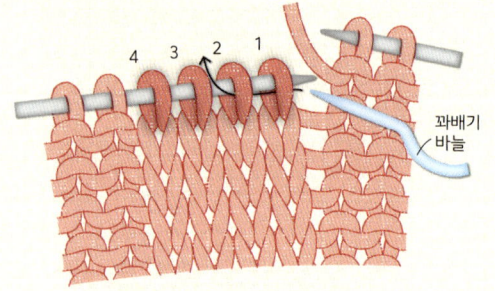

코1, 코2를 꽈배기 바늘에 옮겨서 앞쪽에 쉬게 둔다.

2

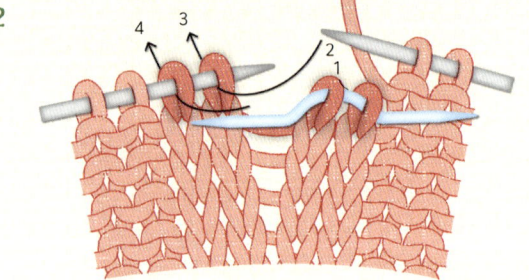

코3, 코4를 겉뜨기한다.

3

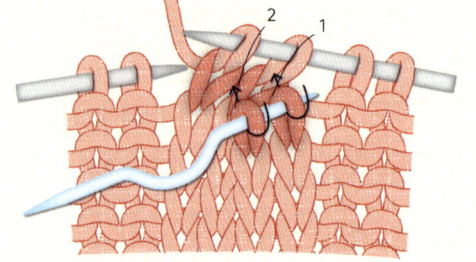

꽈배기 바늘에 쉬게 둔 코1, 코2를 겉뜨기한다.

4

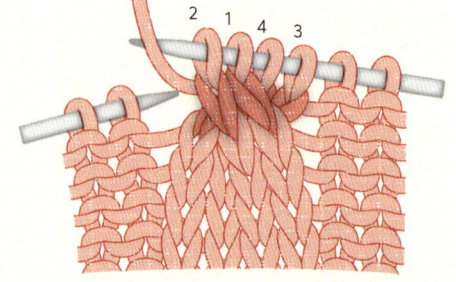

오른쪽 2코가 위에 오는 오른코 위 2코 교차뜨기 완성.

⧖ 왼코 위 2코 교차뜨기

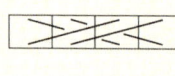

1

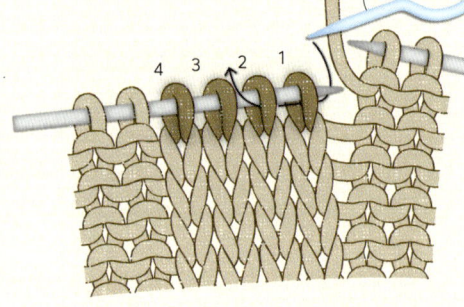

코1, 코2를 꽈배기 바늘에 옮겨서 뒤쪽에 쉬게 둔다.

2

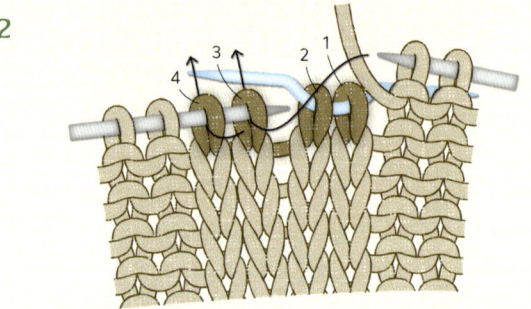

코3, 코4를 겉뜨기한다.

3

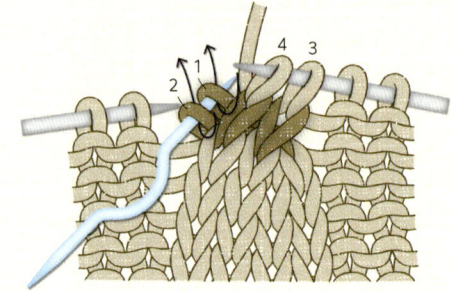

꽈배기 바늘에 쉬게 둔 코1, 코2를 겉뜨기한다.

4

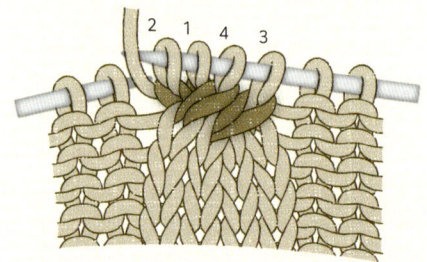

왼쪽 2코가 위에 오는 왼코 위 2코 교차뜨기 완성.

2코와 1코 교차뜨기
위에 오는 2코는 겉코, 아래로 가는 1코는 안코인 교차뜨기입니다.

오른코 위 2코와 1코 교차뜨기

1
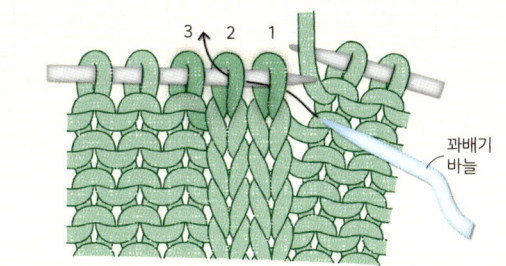
코1, 코2를 꽈배기 바늘에 옮겨서 앞쪽에 쉬게 둔다.

2
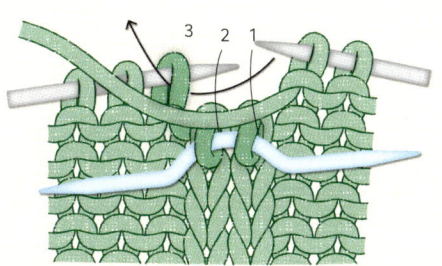
코3을 안뜨기한다.

3
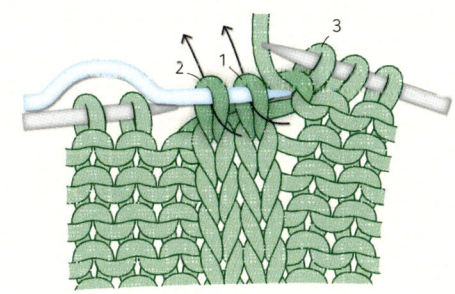
꽈배기 바늘의 코1, 코2를 겉뜨기한다.

4
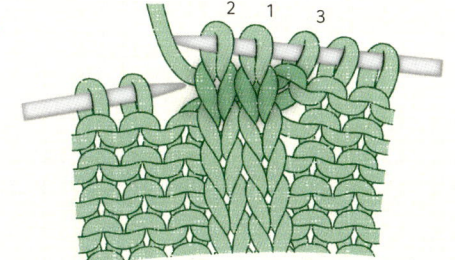
오른쪽 2코가 위에 오는 오른코 위 2코와 1코 교차뜨기 완성.

왼코 위 2코와 1코 교차뜨기

1
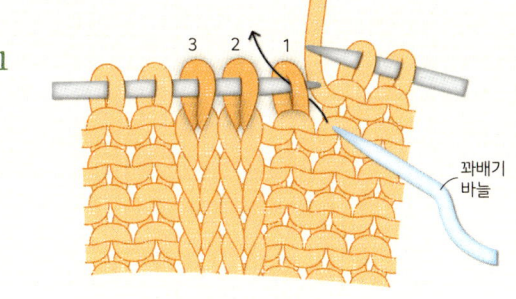
코1을 꽈배기바늘에 옮겨서 뒤쪽에 쉬게 둔다.

2

코2, 코3을 겉뜨기한다.

3
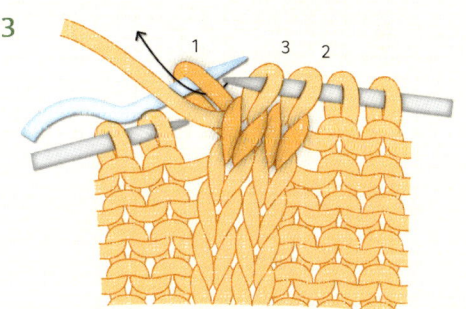
꽈배기 바늘의 코1을 안뜨기한다.

4
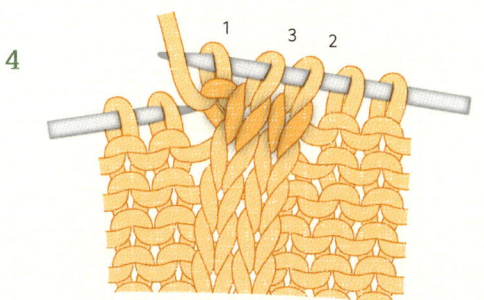
왼쪽 2코가 위에 오는 왼코 위 2코와 1코 교차뜨기 완성.

Popular Knit Patterns — 레이스뜨기무늬

레이스뜨기무늬

'비침무늬', '구멍무늬'라고도 합니다. '걸기코'와 '2코 모아뜨기나 3코 모아뜨기로 코 줄이기'를 조합하면 다양한 분위기의 무늬가 됩니다. '걸기코' 뜨는 법은 P.22, '2코 모아뜨기'는 P.24, 25, '3코 모아뜨기'는 P.26을 참고하세요.
주의점은 '걸기코'를 하면 1코가 늘어난 상태가 되므로 반드시 그 전후에서 걸기코를 하는 만큼의 콧수를 줄이는 것입니다.

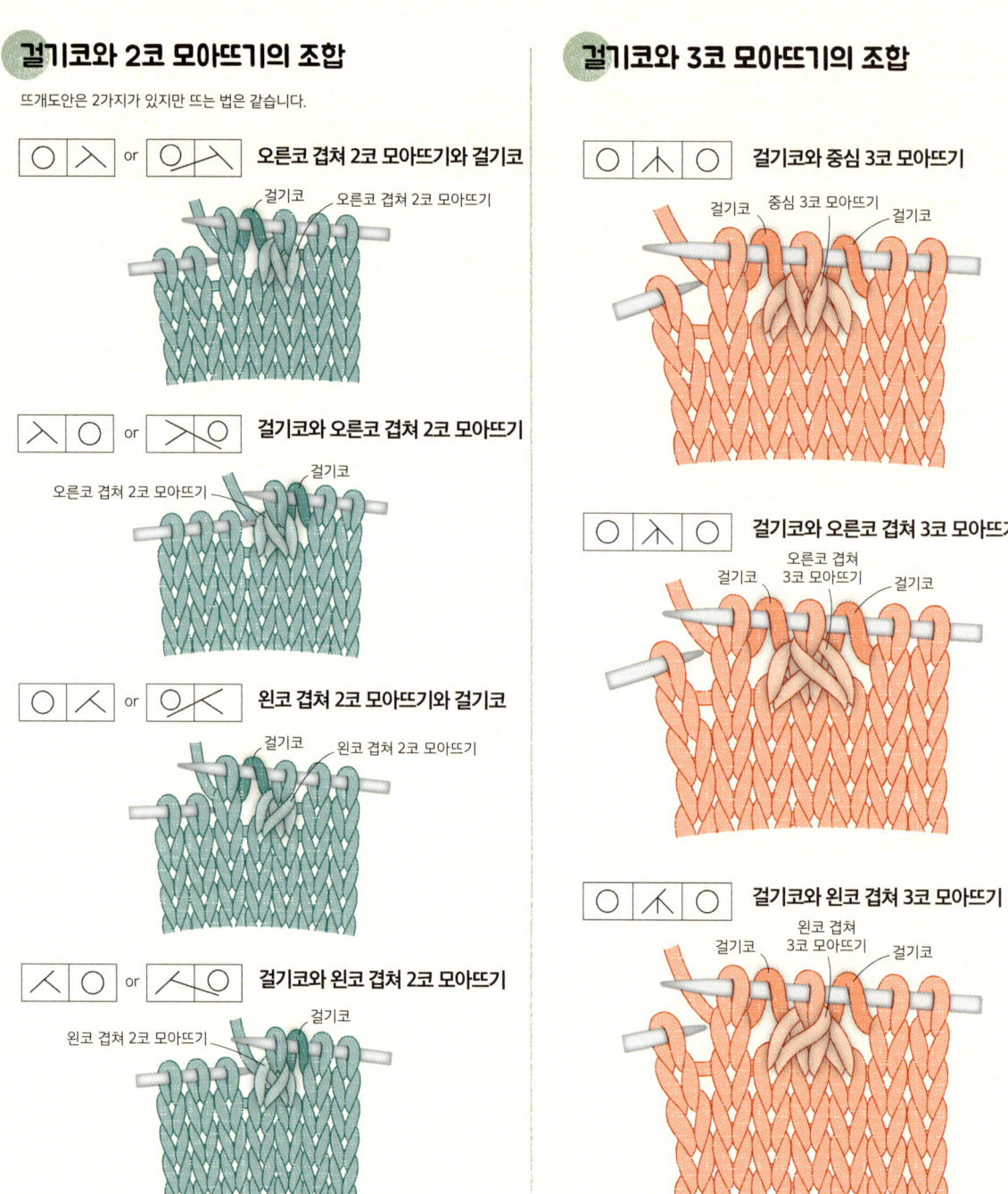

구슬뜨기무늬

1코 안에 뜨개코를 3코나 5코 떠 주면 볼록한 구슬 같은 뜨개무늬가 생깁니다. 안메리야스 뜨개바탕 안에 구슬뜨기를 하면 더욱 입체감이 나서 효과적입니다. 아란 스웨터의 무늬로도 많이 쓰입니다. 이 무늬는 코바늘로도 만들 수 있습니다.

대바늘로 뜨는 구슬뜨기

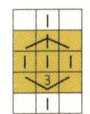
3코 3단 구슬뜨기
작은 구슬뜨기.

1 첫째 단
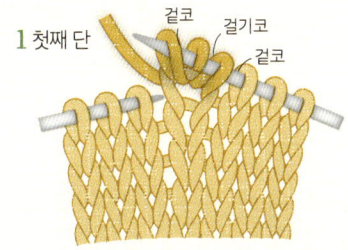
1코에 '겉코, 걸기코, 겉코' 이렇게 3코를 뜬다. 둘째 단은 뜨개바탕을 돌려서 안뜨기를 3코 한다.

2 셋째 단
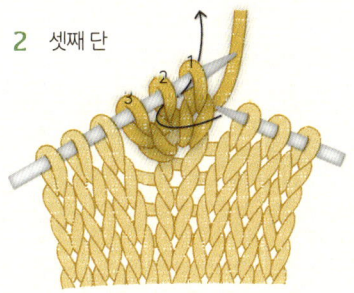
한 번 더 뜨개바탕을 돌려서 오른쪽 바늘을 화살표처럼 2코에 넣어서 뜨지 않고 옮긴다.

3
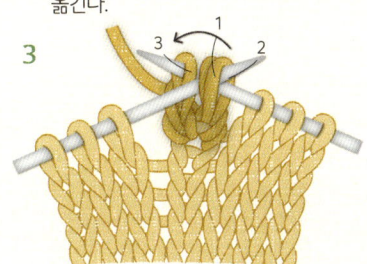
셋째 코를 겉뜨기하고, 오른쪽 바늘의 2코를 셋째 코에 덮어씌운다.

4
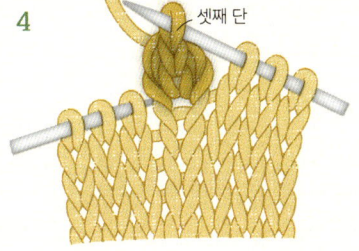
3코 3단 구슬뜨기 완성. 다음 코부터는 겉뜨기한다.

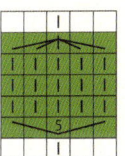
5코 5단 구슬뜨기
큰 구슬뜨기. 좌우전후를 안뜨기로 하면 효과적이다.

1 첫째 단

1코에 '겉코, 걸기코, 겉코, 걸기코, 겉코' 이렇게 5코를 뜬다. 뜨개바탕을 돌려서 둘째 단은 안뜨기, 셋째 단은 겉뜨기, 넷째 단은 안뜨기한다.

2 다섯째 단

오른쪽 3코에 오른쪽 바늘을 화살표 방향으로 넣어서 뜨지 않고 옮긴다.

3
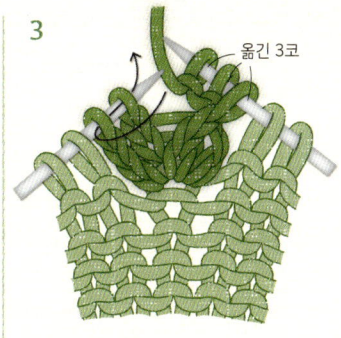
남은 2코를 왼코 겹쳐 2코 모아뜨기로 뜬다.

4
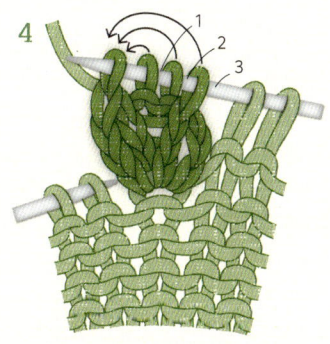
2코 모아뜨기를 한 코에 오른쪽 바늘로 옮긴 3코를 코1, 코2, 코3 순으로 1코씩 덮어씌운다.

5

5코 5단 구슬뜨기 완성.

Popular Knit Patterns — 레이스뜨기무늬

5코 5단 구슬뜨기

큰 구슬뜨기. 좌우전후를 안뜨기로 하면 효과적이다.

1 첫째 단

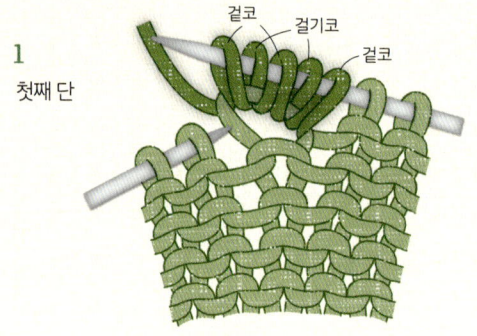

1코에 '겉코, 걸기코, 겉코, 걸기코, 겉코' 이렇게 5코를 뜬다. 뜨개바탕을 돌려서 둘째 단은 안뜨기, 셋째 단은 겉뜨기, 넷째 단은 안뜨기한다.

2 다섯째 단

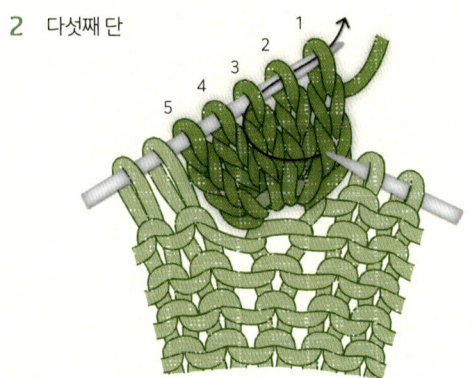

오른쪽 3코에 오른쪽 바늘을 화살표 방향으로 넣어서 뜨지 않고 옮긴다.

3

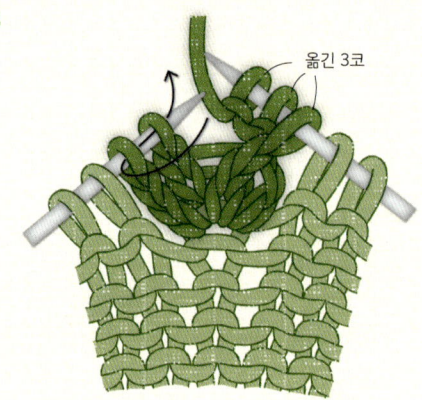

남은 2코를 왼코 겹쳐 2코 모아뜨기로 뜬다.

4

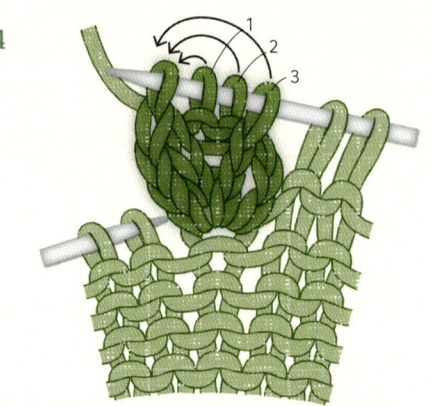

2코 모아뜨기를 한 코에 오른쪽 바늘로 옮긴 3코를 코1, 코2, 코3 순으로 1코씩 덮어씌운다.

5

5코 5단 구슬뜨기 완성.

코바늘로 뜨는 구슬뜨기

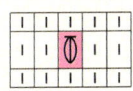 **긴뜨기 3코 구슬뜨기**
볼록하게 부푼 구슬뜨기. 코바늘 굵기는 대바늘에 맞춘다.

1

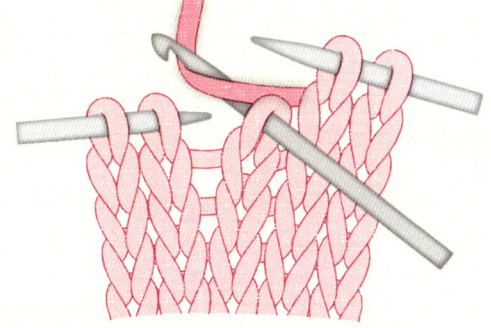

구슬뜨기를 할 코에 코바늘을 넣어서 실을 끌어낸다.

2

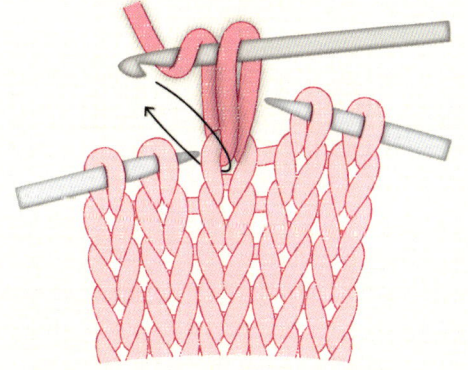

실을 걸고 같은 코에서 실을 끌어내는 과정을 3번 되풀이한다.

3

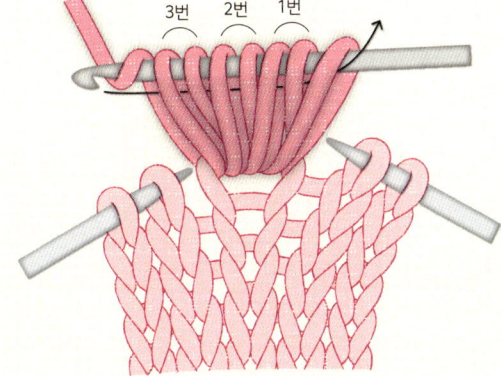

실을 걸어서 코바늘에 걸려 있는 모든 코를 한 번에 빼뜬다.

4

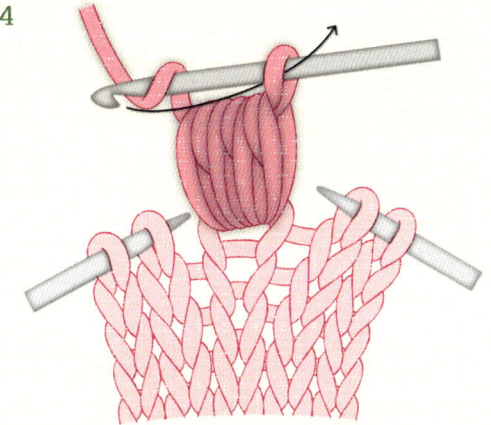

한 번 더 코바늘에 실을 걸고 빼떠서 코를 조인다.

5

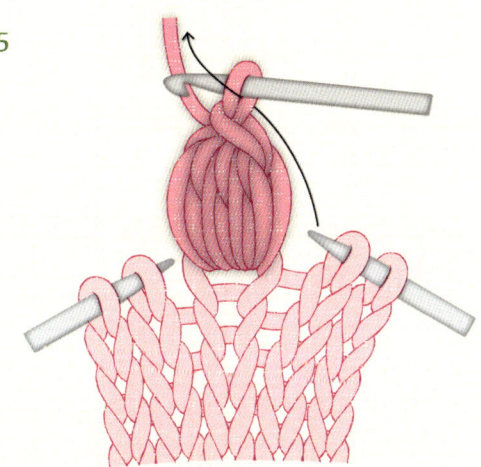

코바늘에 걸려 있는 코를 오른쪽 대바늘에 옮기면 구슬뜨기 완성.

Popular Knit Patterns — 끌어올려뜨기무늬

끌어올려뜨기무늬 코를 세로 방향으로 끌어올려 뜨는 방법으로 입체감 있는 뜨개바탕을 만들 수 있습니다. 2가지 색 이상의 실로 뜨면 더욱 변화가 풍부한 무늬를 즐길 수 있습니다.

끌어올려 겉뜨기

1단을 끌어올려서 둘째 단에서 뜰 때

1

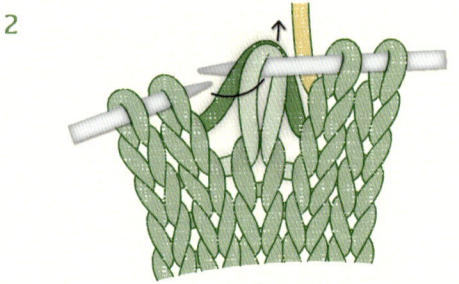

2단 아래의 코에 오른쪽 바늘을 넣어서 옮긴다.

2

오른쪽 바늘의 코를 왼쪽 바늘로 옮긴다.

3

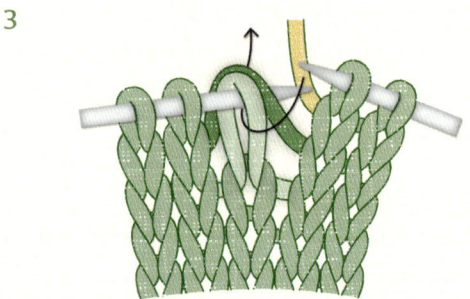

옮긴 코를 함께 겉뜨기한다.

4

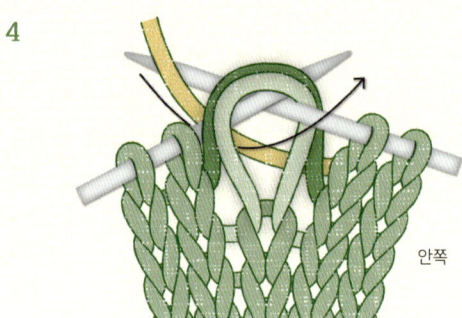

안쪽

5

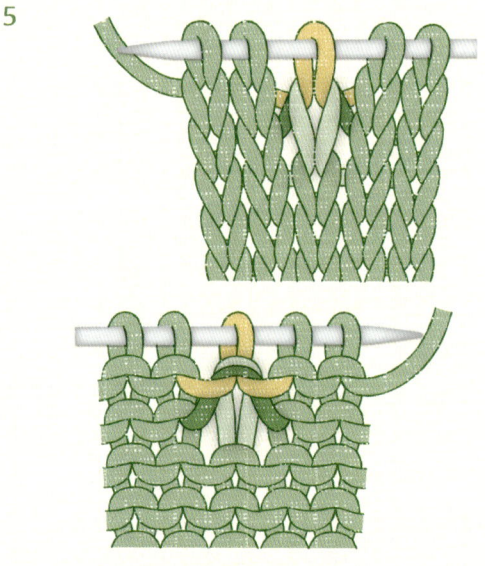

1단 끌어올려 겉뜨기 완성.

끌어올려 안뜨기

1단을 끌어올려서 둘째 단에서 뜰 때

1
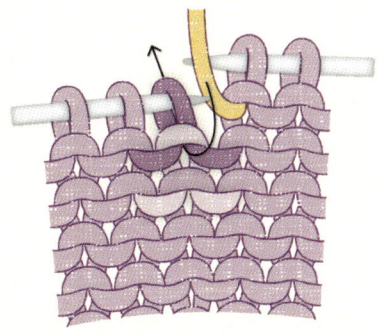
2단 아래의 코에 오른쪽 바늘을 넣어서 옮긴다.

2
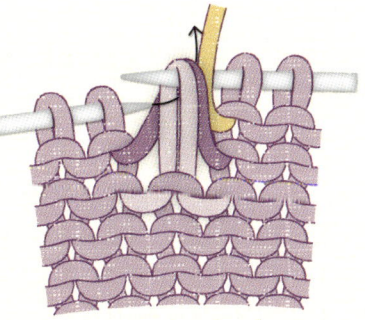
오른쪽 바늘의 코를 왼쪽 바늘로 옮긴다.

3
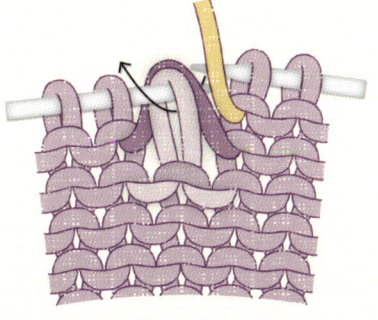
옮긴 코를 함께 안뜨기한다.

4
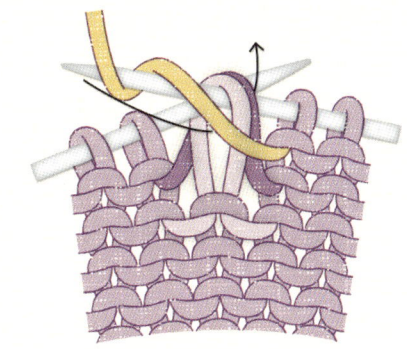

5
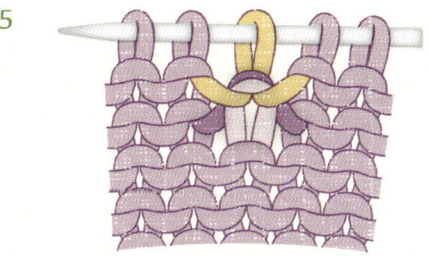

안쪽
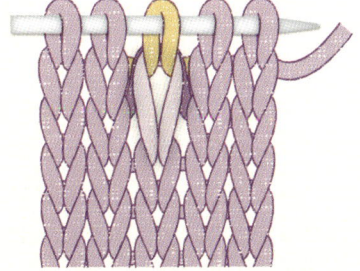
1단 끌어올려 안뜨기 완성.

Popular Knit Patterns — 배색무늬

배색무늬 메리야스뜨기에서 여러 색깔 실을 사용하여 다양한 무늬를 떠 넣습니다. 복잡해 보여도 실 다루는 법에 익숙해지면 재미있는 기법입니다. 무늬에 따라서 배색실 바꾸는 법이 다릅니다.

배색실 바꾸는 법

무늬가 작고 가로로 연속해서 있는 무늬일 때

안쪽에서 뜨지 않는 실이 가로로 걸쳐진다. 실을 바꾸는 포인트는 언제나 바탕실이 아래, 배색실이 위에 오도록 일정하게 하는 것.

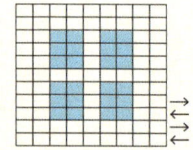

1

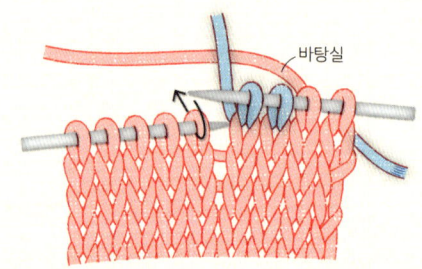

2 가장자리 코에 배색실을 얽히게 놓고 가장자리 2코를 바탕실로 뜬다.
다음은 바탕실을 아래로, 배색실을 위로 오게 하여 배색실로 2코 뜬다.

3 바탕실을 아래로, 배색실을 위로 오게 하여 다음 1코를 바탕실로 뜬다.

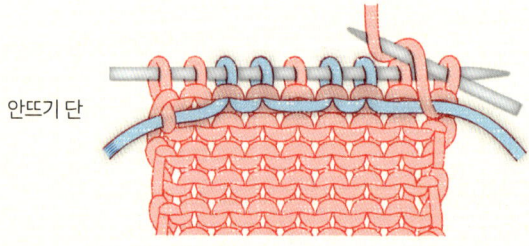

첫째 코를 바탕실로 뜰 때, 배색실을 바탕실 위에 얹고 뜬다.

4

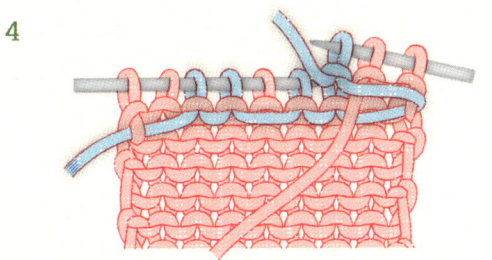

바탕실을 아래로, 배색실을 위로 오게 하여 배색실로 2코 뜬다.

5

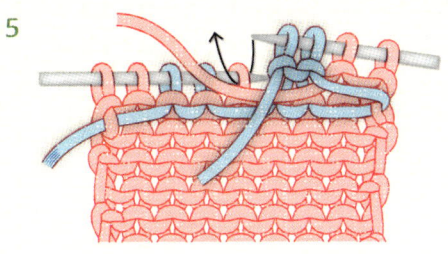

바탕실을 아래로, 배색실을 위로 오게 하여 바탕실로 1코 뜬다.

[실 잡는 법]

양손 집게손가락에 실을 걸어서 빠르게 뜰 수 있는 방법. 또는 양이 많은 바탕실(베이스가 되는 실)은 왼손에, 배색실은 오른손에 잡습니다.

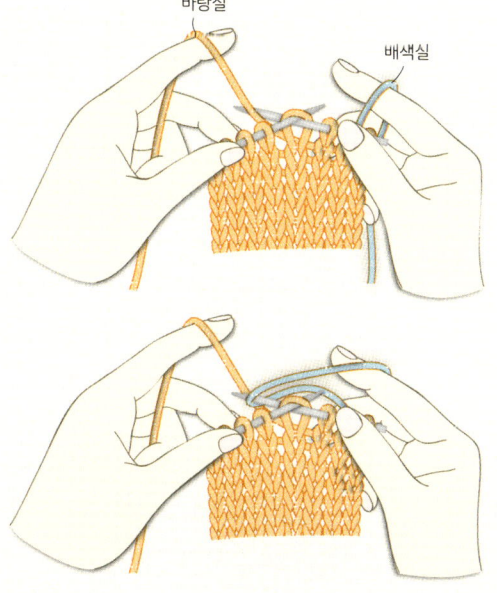

[안쪽에 걸치는 실이 길어질 때]

안쪽에 걸치는 실이 길어지면 완성한 후에 걸치는 실이 손가락에 걸리기 쉬우므로 실을 도중에서 뜨개코 속으로 통과시킨다.

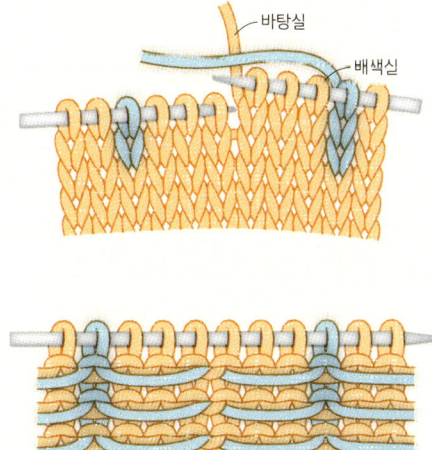

Popular Knit Patterns — 배색무늬

세로줄무늬일 때 줄무늬 경계에서 실이 세로 방향으로 걸쳐집니다. 경계에서 바탕실과 배색실을 교차시키는데 이때 너무 잡아당기면 경계가 우니까 주의해야합니다. 뜨개바탕은 얇게 마무리되지만 줄무늬 개수만큼 실이 필요합니다.

1 겉뜨기 단 — 배색실 / 바탕실 / 교차시킨다

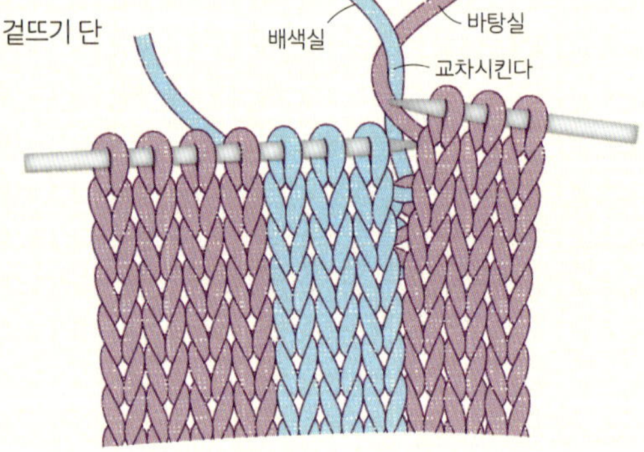

바탕실로 줄무늬 경계까지 뜬 뒤에 배색실을 아래로 오게 하여 교차시킨다.

2 배색실로 뜬다

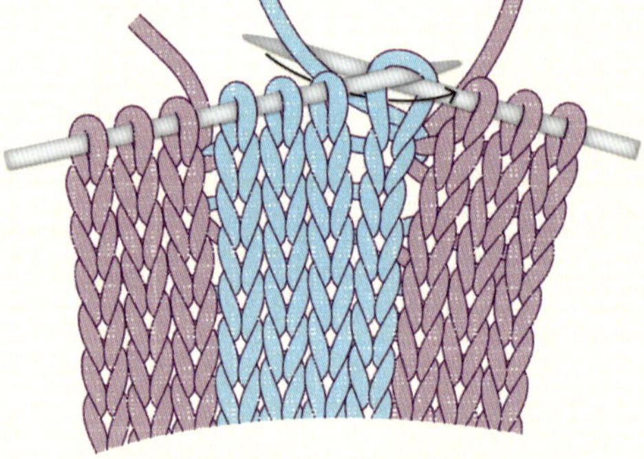

배색실을 다 뜨고 나면 바탕실을 아래로 오게 하여 교차시키고 뜬다.

3 안뜨기 단 — 교차시킨다

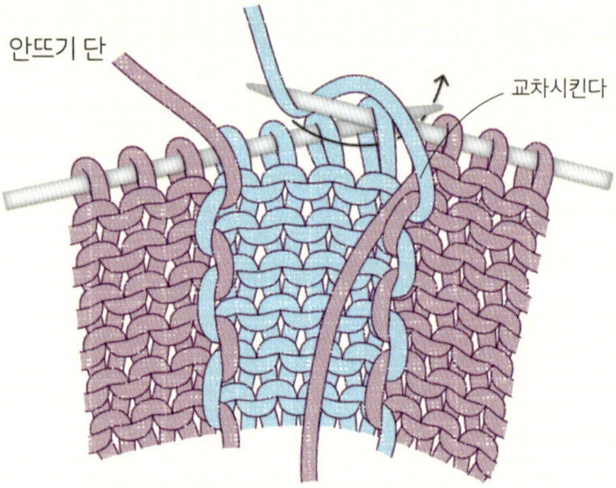

바탕실로 줄무늬 경계까지 뜬 뒤에 배색실을 위로 오게 하여 교차시키고 뜬다.

4 교차시킨다

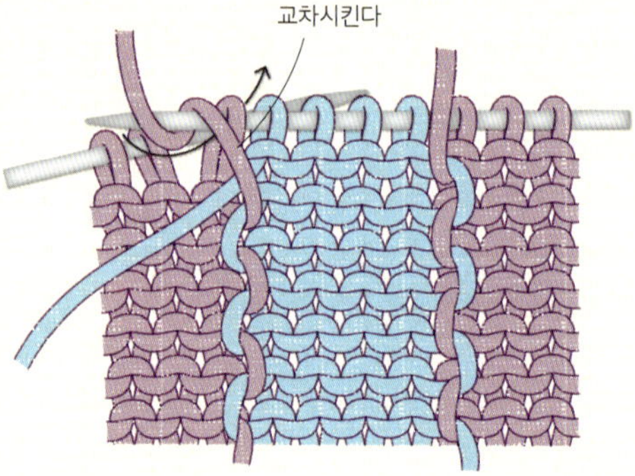

배색실을 다 뜨고 나면 배색실을 아래로 오게 하여 교차시키고 뜬다.

가로줄무늬일 때 줄무늬 단수가 2단에서 6단 정도로 얼마 되지 않을 때는 색이 변할 때마다 실을 자르지 말고 위로 올려서 계속 뜹니다.

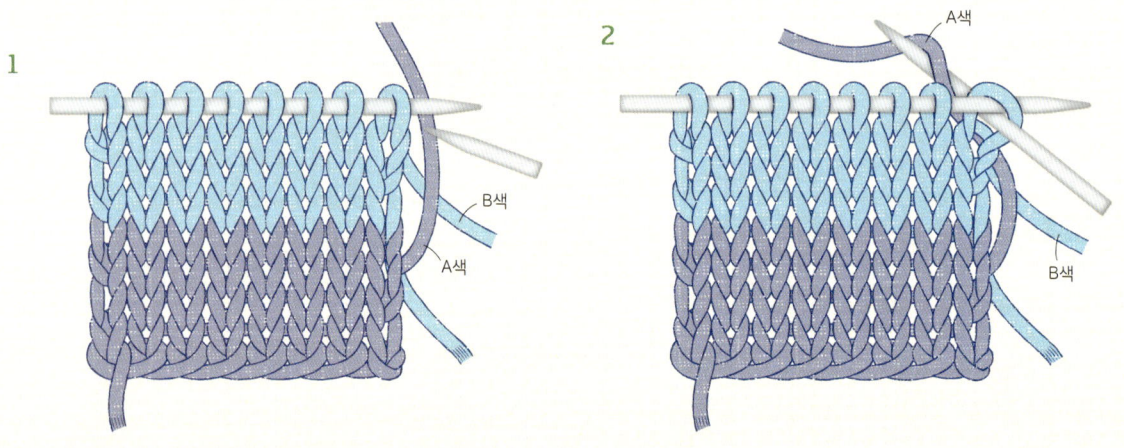

1 B색 실을 쉬게 두고, A색 실을 B색 앞에 오게 하여 위로 올린다(뜨는 실이 언제나 앞에 오도록 올린다).

2 A색

Assembling
마무리

대바늘 손뜨개는 마지막 단을 다 뜬 뒤에 바늘에 남아 있는 코를 막아 줘야 합니다.
이것이 코바늘 손뜨개와 크게 다른 점입니다. 각 뜨개바탕에 맞는 방법으로 대바늘 이외에도
돗바늘이나 코바늘을 사용하여 뜨개바탕이 풀리지 않도록 코막음하고 대바늘에서 코를 1코씩 빼냅니다.
또한 뜨개바탕에서 새로 코를 줍는 방법과 뜨개바탕 2장의 코와 코를 잇는 방법,
단과 단을 잇는 '꿰매기' 같은 마무리 방법을 설명합니다.

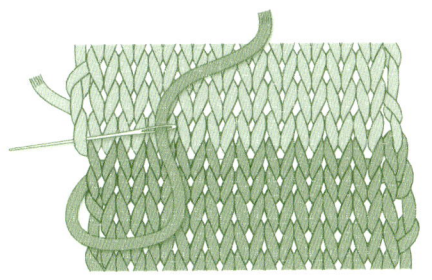

Assembling — 코막음

코막음하는 법

대바늘에 걸려 있는 코를 풀리지 않도록 막고 대바늘을 뜨개바탕에서 빼는 기법. 코막음하는 법에는 대바늘을 사용하는 '덮어씌우기 코막음', 코바늘을 사용하는 '빼뜨기 코막음', 돗바늘을 사용하는 '돗바늘 코막음'과 '고무뜨기 코막음' 등이 있습니다. 어떤 방법이든 코막음하는 코의 크기는 뜨개바탕의 신축성에 맞춰서 정합니다.

덮어씌우기 코막음

대바늘을 사용하여 P.38의 '덮어씌우기'의 요령으로 코를 막습니다.

겉코일 때

1

가장자리 2코를 겉뜨기한다.

2

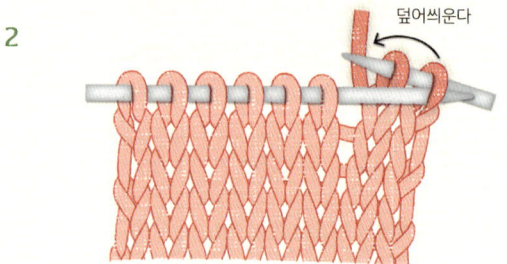

가장자리 코를 둘째 코에 덮어씌운다.

3

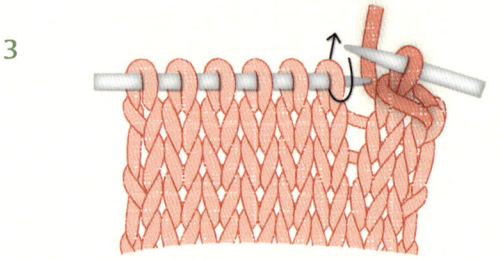

다음 코를 겉뜨기한다.

4

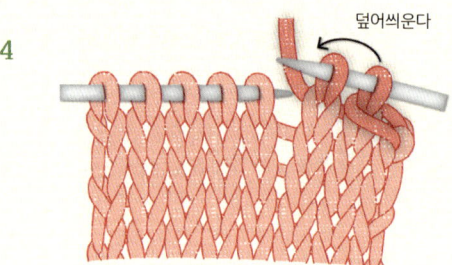

둘째 코를 셋째 코에 덮어씌운다.
3, 4를 되풀이한다.

5

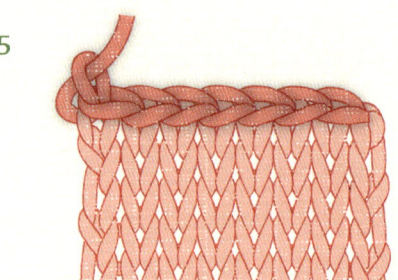

마지막 코에 실 끝을 통과시켜서 코를 조인다.

안코일 때

1
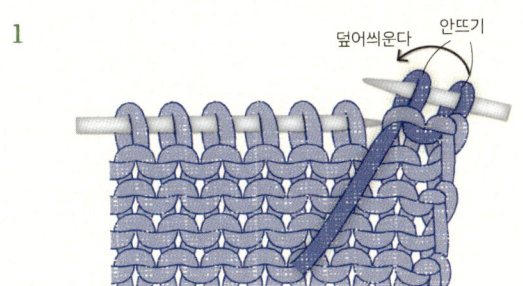
가장자리의 2코를 안뜨기하고 가장자리 코를 둘째 코에 덮어씌운다.

2

다음 코를 안뜨기하고 오른쪽 코를 덮어씌운다.

3
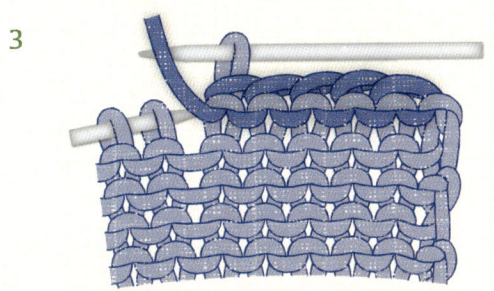
2를 되풀이한다.

겉코와 안코가 조합되어 있을 때 (1코 고무뜨기)

1
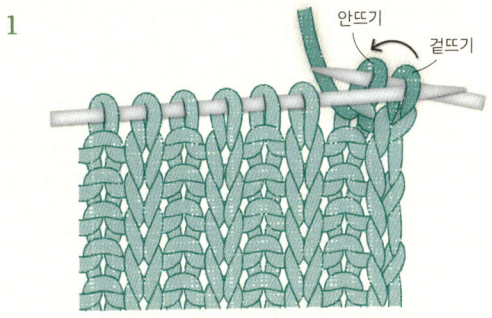
'겉코는 겉코, 안코는 안코로 뜨고 덮어씌운다'를 되풀이한다.

2

마지막에는 코 속으로 실을 통과시켜서 조인다.

Assembling —— 코막음

🟢 빼뜨기 코막음
코바늘을 사용한 코막음 방법으로 실을 걸기 쉽고 빠르게 할 수 있지만, 막은 코가 빡빡해지기 쉬우므로 주의한다.

겉코일 때

1
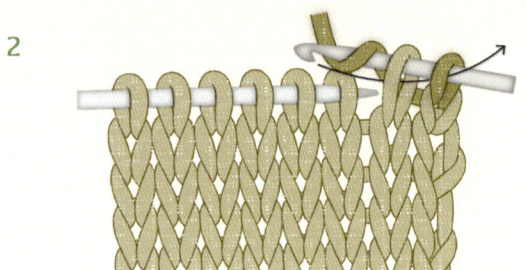
가장자리 코에 코바늘을 넣고 실을 걸어서 빼뜬다.

2
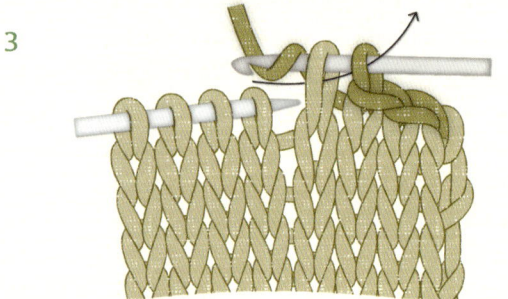
다음 코에 코바늘을 넣고 실을 걸어서 다시 빼뜬다.

3
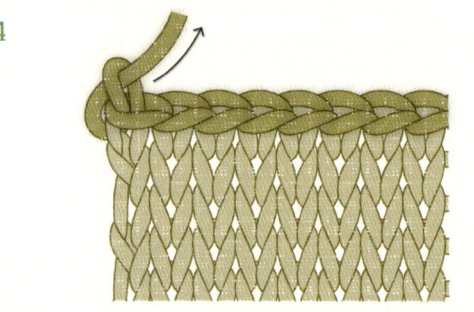
2를 되풀이한다.

4

마지막 코에 실을 통과시켜서 코를 조인다.

안코일 때

1
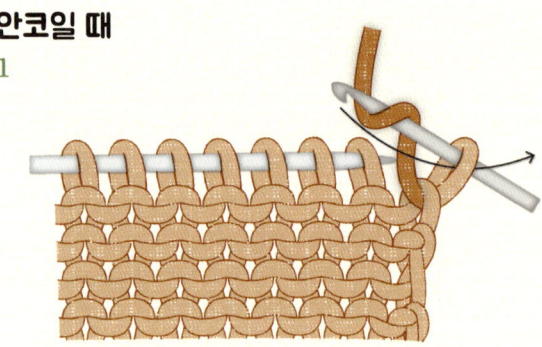
가장자리 코에 코바늘을 뒤쪽에서 넣고 실을 걸어서 빼뜬다.

2
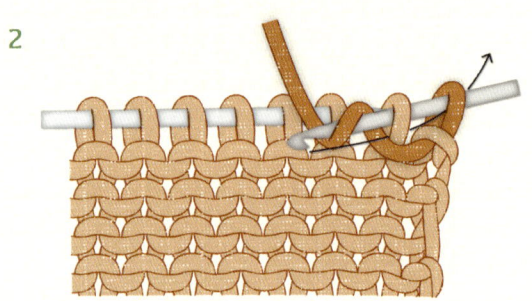
실을 앞쪽에 두고 다음 코와 함께 빼뜬다.

3
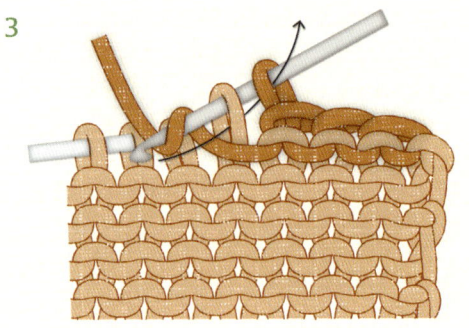
2를 되풀이한다. 마지막 코에 실을 통과시켜서 코를 조인다.

돗바늘 코막음

돗바늘을 사용하여 뜨개코에 실을 감듯이 통과시켜서 코막음합니다. 신축성이 있고 얇게 마무리됩니다. 코막음 실은 뜨개바탕 너비의 2.5~3배 길이를 준비합니다.

메리야스뜨기일 때

1

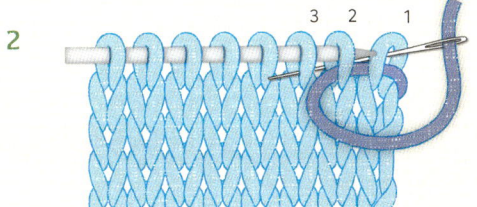

가장자리 2코에 그림처럼 바늘을 넣는다.

2

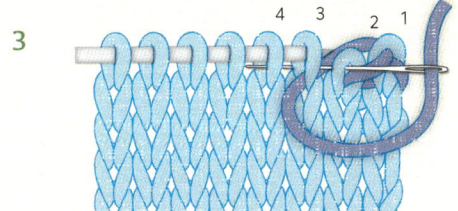

돌아가서 코1과 코3에 바늘을 넣는다.

3

돌아가서 코2와 코4에 바늘을 넣는다.

4

3을 되풀이한다.

5

마지막은 그림처럼 바늘을 넣는다(어느 코에도 2번씩 바늘을 넣는다).

가터뜨기일 때

1

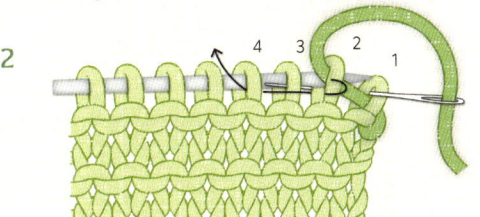

가장자리 2코에 그림처럼 바늘을 넣는다.

2

돌아가서 코1과 코3에 바늘을 넣고 실을 당긴다. 코2로 돌아가서 코4에 화살표처럼 바늘을 넣고 실을 당기는 과정을 되풀이한다.

3

마지막 2코는 앞쪽에서 바늘을 넣어서 뒤쪽으로 뺀다.

코를 한 번에 조여서 막는 법

모자 꼭대기나 장갑의 손가락 끝 등에서 남은 코를 막는 방법입니다.

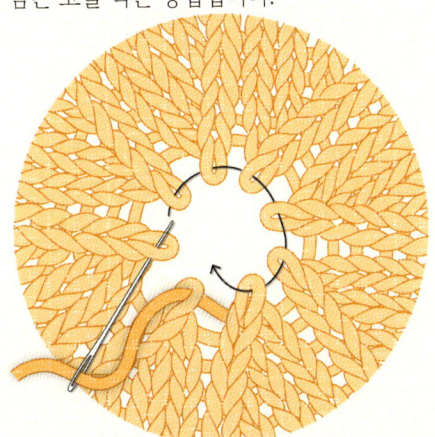

실 끝을 10㎝ 정도 남기고 잘라서 돗바늘에 꿴다. 모든 코에 실을 통과시킨 뒤에 조인다. 코가 꼬이지 않도록 주의한다.

Assembling — 코막음

고무뜨기 코막음

돗바늘을 사용하여 고무뜨기 코의 상태를 흐트러뜨리지 않고 고무뜨기의 신축성을 살린 코막음법입니다. '1코 고무뜨기 코막음'과 '2코 고무뜨기 코막음'이 있으며 둘 다 뜨개바탕의 겉을 보며 오른쪽에서부터 겉코와 겉코, 안코와 안코에 바늘을 넣어서 코를 막습니다. 실은 너무 당기지 않도록 조금 느슨하게 하는 것이 좋습니다. 코막음 실은 뜨개바탕 너비의 약 3.5배 길이가 필요합니다.

1코 고무뜨기 코막음—왕복뜨기일 때
오른쪽 가장자리 겉코 2코, 왼쪽 가장자리 겉코 1코일 때

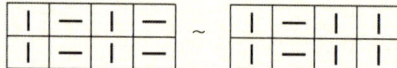

1
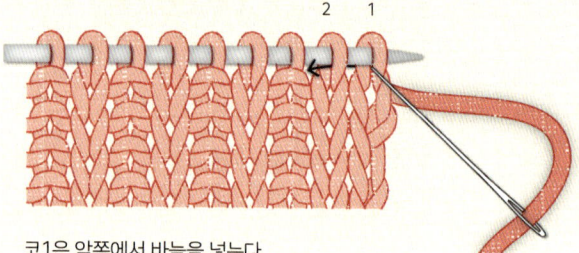
코1은 앞쪽에서 바늘을 넣는다.

2
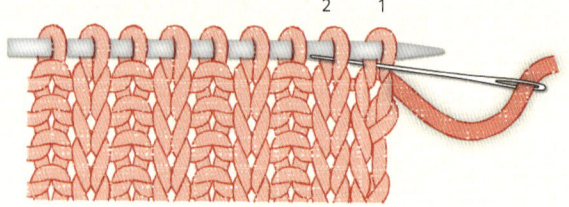
코2는 뒤쪽에서 바늘을 넣는다.

3
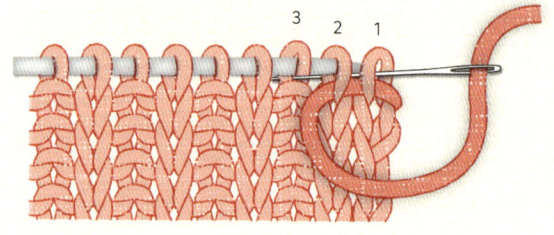
코1로 돌아가서 앞쪽에서 바늘을 넣어서 코3의 뒤쪽으로 바늘을 뺀다.

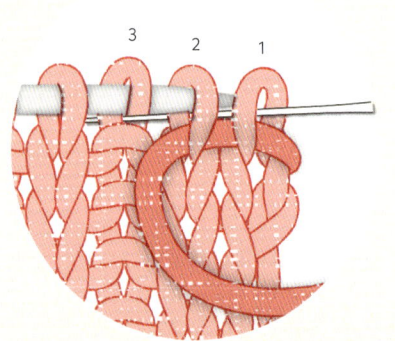

4
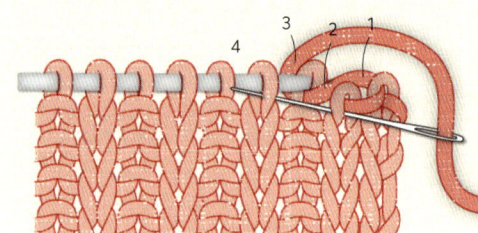
코2로 돌아가서 앞쪽에서 바늘을 넣어서 코4의 앞쪽으로 바늘을 뺀다(겉코끼리).

5
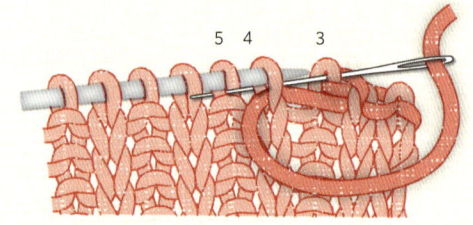
안코3과 안코5에 바늘을 넣는다(안코끼리).
4, 5를 되풀이한다.

6
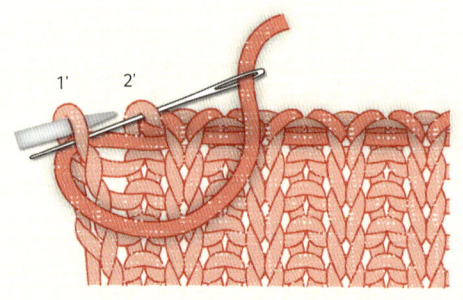
마지막은 안코2'의 뒤쪽에서 바늘을 넣어서 겉코1'의 앞쪽으로 뺀다.

양쪽 가장자리 모두 겉코 1코일 때

 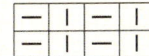

1

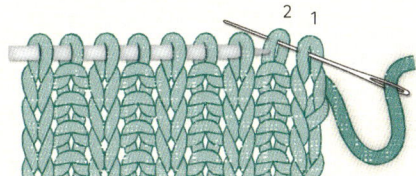

코1과 코2에 앞쪽에서 바늘을 넣는다.

2

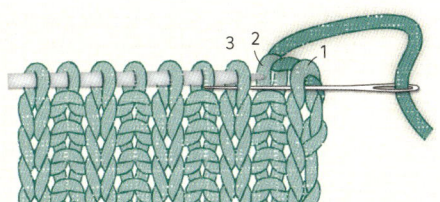

코1로 돌아가서 코3에 바늘을 넣는다(겉코끼리).

3

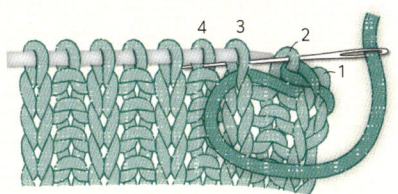

코2로 돌아가서 뒤쪽에서 바늘을 넣어서 코4의 뒤쪽으로 바늘을 뺀다(안코끼리). 왼쪽 가장자리는 왼쪽 그림 6과 같다.

원통뜨기일 때

시작은 코1을 건너뛰고 코2의 앞쪽에서 바늘을 넣는다. 이후는 '양쪽 가장자리 모두 겉코 1코일 때'의 2, 3을 되풀이한다. 도중의 코막음하는 법은 '왕복뜨기의 코막음'을 참조한다.

1

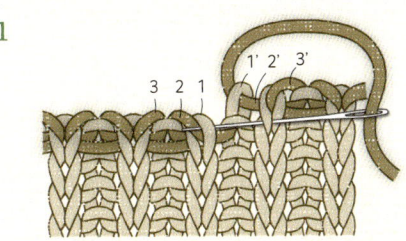

끝은 겉코2'의 앞쪽에서 바늘을 넣어서 코1의 앞쪽으로 뺀다.

2

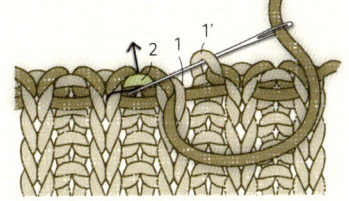

코1'와 코2에 바늘을 넣어서 실을 당긴다.

3

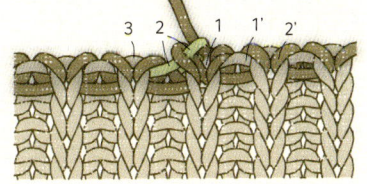

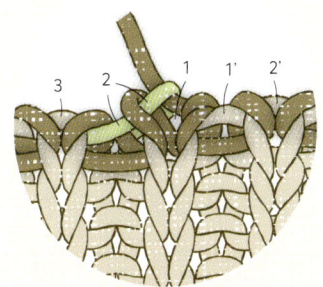

Assembling — 코막음

2코 고무뜨기 코막음—왕복뜨기일 때

양쪽 가장자리가 겉코 2코일 때

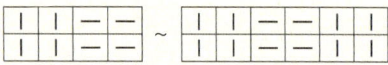

1

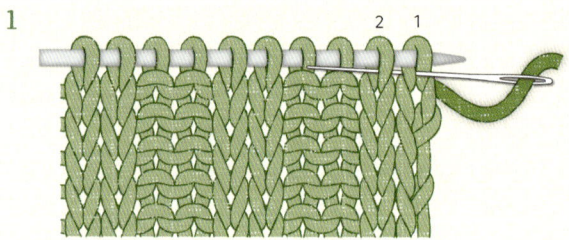

코1과 코2에 그림처럼 바늘을 넣는다.

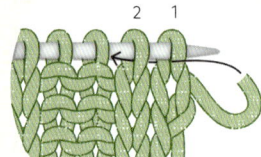

2

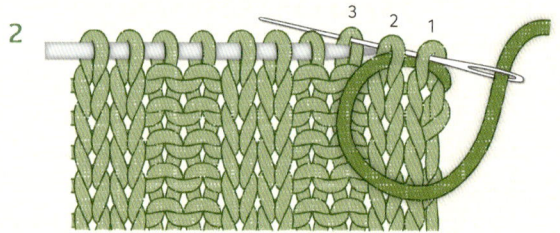

코1로 돌아가서 앞쪽에서 바늘을 넣어서 코3의 뒤쪽으로 바늘을 뺀다.

3

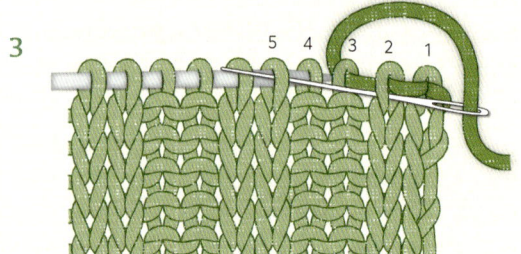

코2로 돌아가서 앞쪽에서 바늘을 넣어서 코3과 코4 2코를 건너뛰고 코5의 앞쪽으로 바늘을 뺀다(겉코끼리).

4

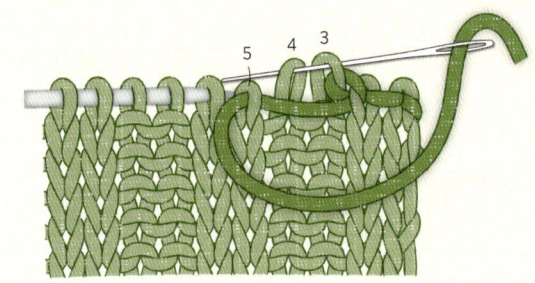

코3의 뒤쪽에서 바늘을 넣어서 코4의 뒤쪽으로 바늘을 뺀다(안코끼리).

5

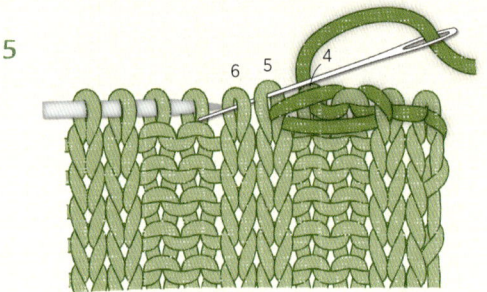

코5의 앞쪽에서 바늘을 넣어서 코6의 앞쪽으로 바늘을 뺀다(겉코끼리).

6

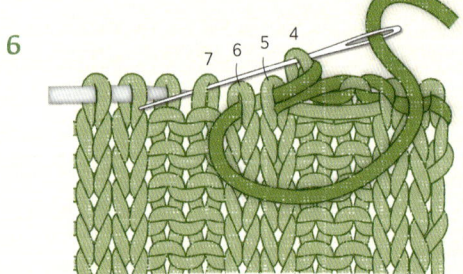

코4로 돌아가서 뒤쪽에서 바늘을 넣어서 코5와 코6, 2코를 건너뛰고 코7의 뒤쪽으로 바늘을 뺀다(안코끼리). 3~5를 되풀이한다.

7

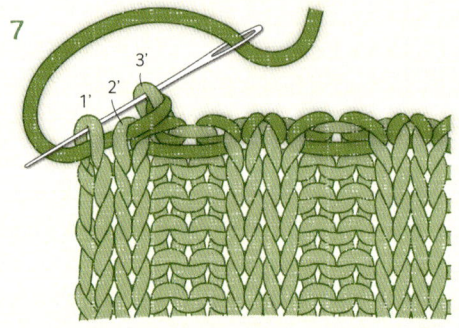

끝쪽은 코2'의 앞쪽에서 바늘을 넣어서 코1'의 앞쪽으로 빼고, 코3'의 뒤쪽에서 바늘을 넣어서 코1'의 앞쪽으로 뺀다.

Assembling — 코줍기

코 줍는 법
스웨터 밑단이나 목둘레에 가장자리뜨기를 할 때나 카디건의 앞여밈단을 뜰 때는 새로 코를 만듭니다. '뜨기 시작하는 코를 만드는 법'하고는 달리 이미 뜬 뜨개바탕에서 '코를 주워서' 만듭니다. '코에서 코줍기'와 '단에서 코줍기'가 있습니다.

코에서 코줍기
자주 사용하는 '손가락에 실을 걸어서 만드는 시작코'에서 줍는 법입니다. 뜨개바탕의 겉을 보고 시작코 쪽을 위로 오게 하여 코를 줍습니다. 포인트는 마지막에 있는 가장자리 반코도 줍는 것입니다.

메리야스뜨기 코에서 줍기

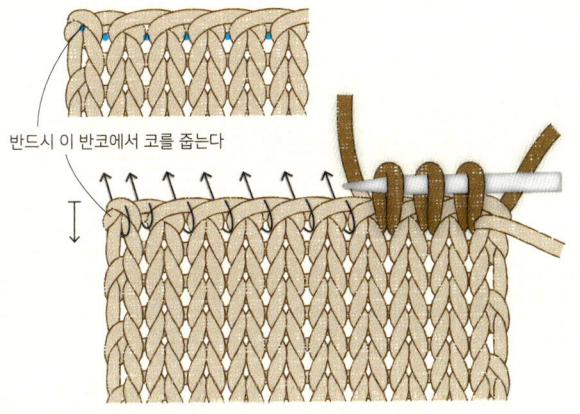

코와 코 사이의 걸친 실을 2가닥 주워서 바늘을 넣고 실을 끌어낸다.

안메리야스뜨기 코에서 줍기
★ '보조실로 만드는 시작코'에서 줍는 법은 P.10 참조.

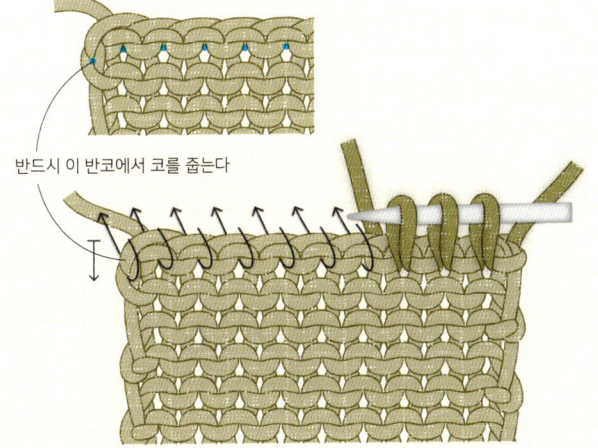

단에서 코줍기
포인트는 단의 수가 주울 콧수보다 많으므로 단을 규칙적으로 건너뛰면서 코를 줍는 것입니다. 건너뛰는 비율은 뜨개바탕에 따라 다릅니다. 무늬가 있는 뜨개바탕에서 코를 주울 경우에는 가장자리뜨기의 게이지(P.83 참조)를 내서 주울 콧수를 정합니다.

메리야스뜨기 코에서 고무뜨기 코를 뜰 때

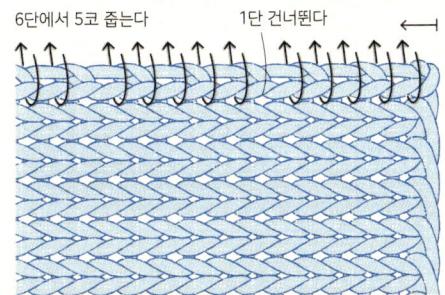

메리야스뜨기 코에서 가터뜨기 코를 뜰 때

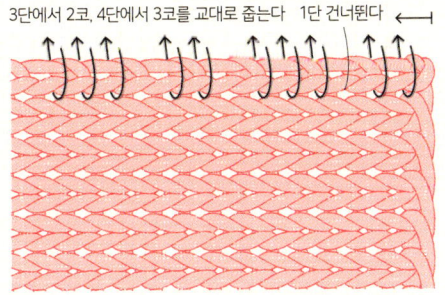

가터뜨기 코에서 가터뜨기 코를 뜰 때

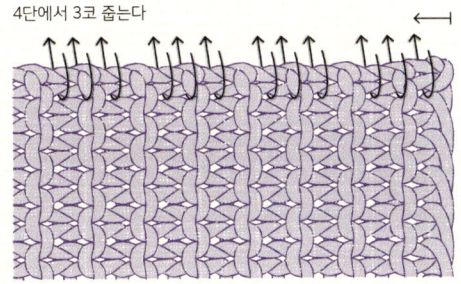

Assembling —— 코와 코 잇기

🟢 빼뜨기로 잇기

뜨개바탕 2장을 겉끼리 맞대고 코바늘로 잇습니다.
이은 코는 잘 늘어나지 않습니다.

1
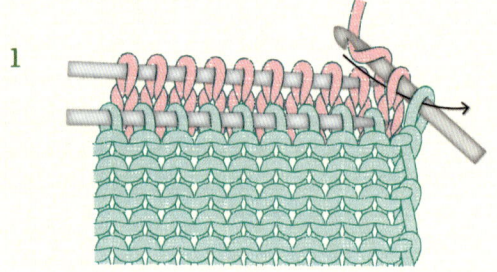
앞쪽과 뒤쪽의 가장자리 코에 코바늘을 넣고 실을 걸어서 2코를 한 번에 빼뜨다.

2
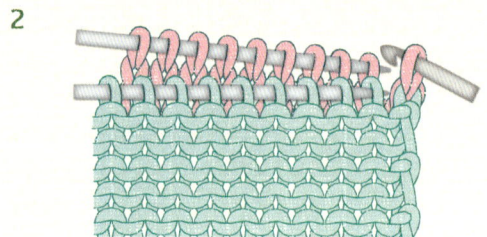
빼뜬 상태.

3
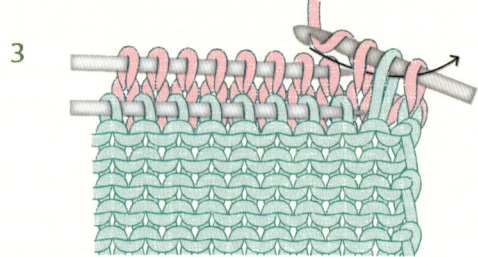
둘째 코를 코바늘로 옮기고 1과 마찬가지로 실을 걸어서 한 번에 빼뜨다.

4
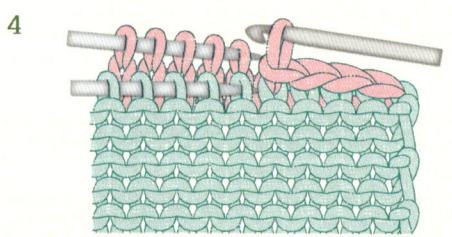
3을 되풀이한다.

🟢 덮어씌워 빼뜨기로 잇기

왼쪽 그림의 잇기보다 이은 코가 얇게 마무리되므로 굵은 실에도 알맞습니다. 또 안메리야스뜨기나 멍석뜨기는 이은 코가 눈에 띄지 않으므로 추천합니다. 뜨개바탕은 겉끼리 맞대고 잇습니다.

1
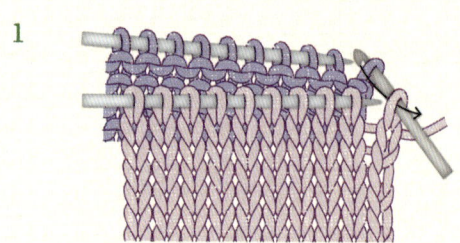
앞쪽 코에서 코바늘을 넣어서 가장자리 2코를 걸고 뒤쪽 코를 앞쪽으로 빼뜨다.

2
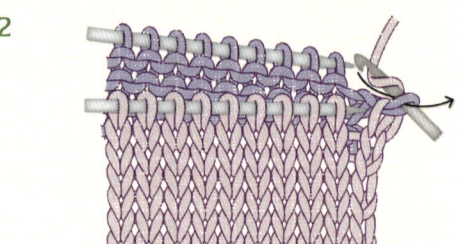
바늘에 실을 걸어 아까 빼뜬 코에서 빼뜨고 둘째 코도 1처럼 뒤쪽 코를 끌어낸다.

3
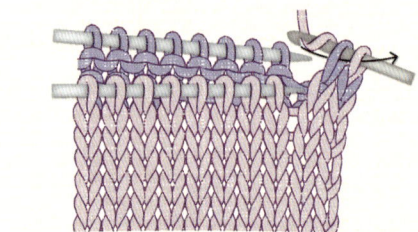
실을 걸고, 2에서 끌어낸 코와 코바늘에 걸려 있는 코를 한 번에 빼뜨다.

4
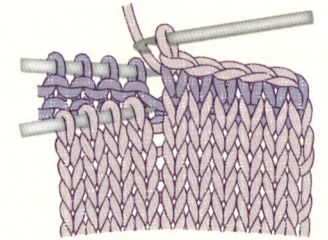
2, 3을 되풀이한다.

메리야스 잇기

메리야스 코를 만들면서 잇는 방법이며 이은 코로 1단이 만들어집니다. 잇는 실은 뜨개바탕 너비의 약 3배 길이를 준비하고, 뜨개바탕 겉을 보고 오른쪽에서 왼쪽으로 잇습니다. 이은 코는 뜨개코와 같은 크기가 되도록 실을 당깁니다.

양 가장자리가 코 그대로일 때

1

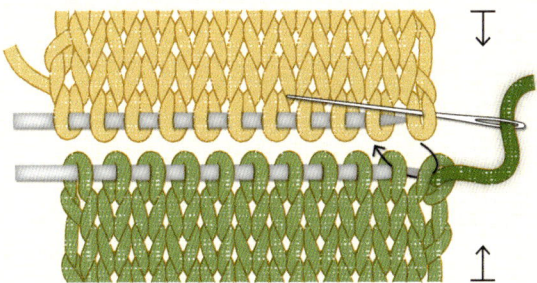

아래의 가장자리 코에서 실을 빼서 위의 가장자리 코에 바늘을 넣는다. 아래 코로 돌아가서 화살표처럼 바늘을 넣는다.

2

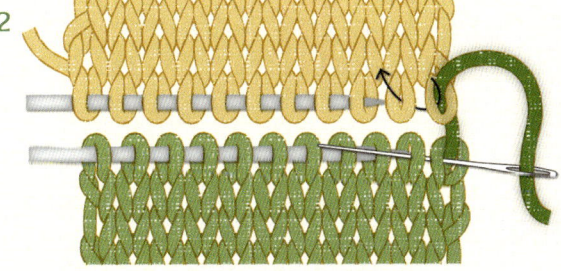

위의 가장자리 코로 돌아가서 화살표처럼 바늘을 넣는다.

3

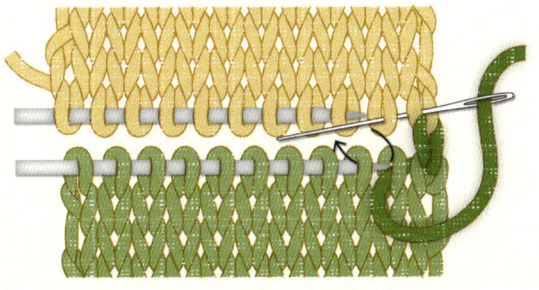

위의 가장자리 코와 다음 코에 바늘을 넣고 다시 화살표처럼 계속한다.

4

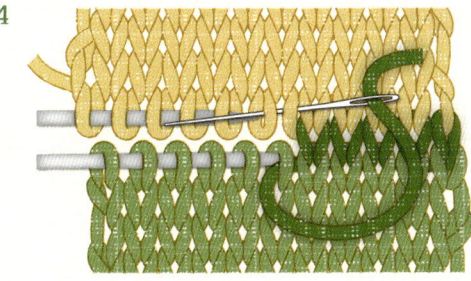

2, 3을 되풀이한다.

5

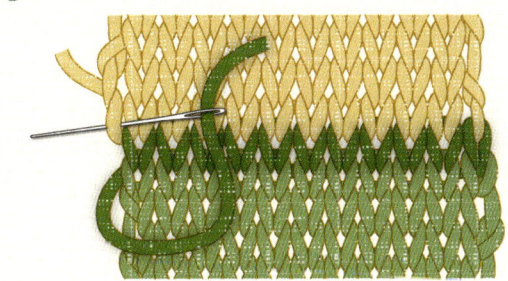

마지막 코에 바늘을 넣어서 뺀다.

※ 뜨개코 방향이 거꾸로 되기 때문에 잇기 시작한 쪽의 가장자리에서 반코가 어긋난다.

Assembling — 코와 코 잇기

한쪽 코가 덮어씌우기 코막음 되어 있을 때

1

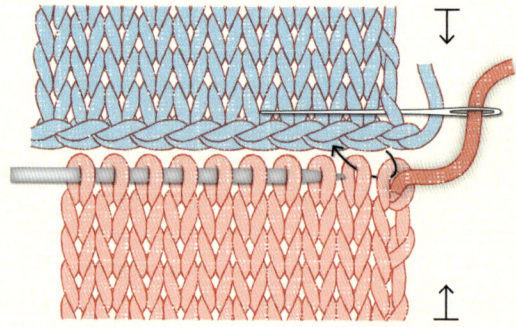

코로 남아 있는 쪽의 가장자리 코에서 실을 빼서 덮어씌우기 쪽의 가장자리 반코를 주워서 화살표처럼 바늘을 넣는다.

2

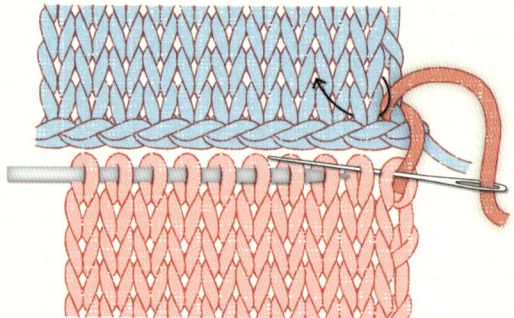

덮어씌우기 쪽의 1코를 줍는다.

3

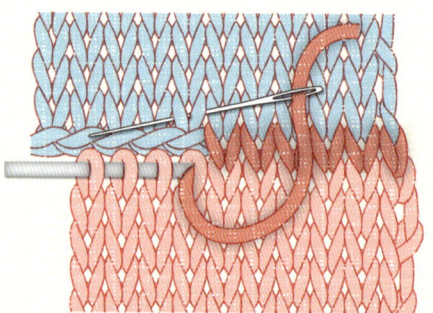

코로 남아 있는 쪽은 바늘을 겉에서 넣어서 겉으로 빼고 덮어씌우기 쪽은 \ / 모양의 2가닥을 줍는 것을 되풀이한다. 마지막은 '양 가장자리가 코 그대로일 때(P.71)'의 5와 같다.

가터 잇기

가터뜨기 코 상태로 잇는 방법. 한쪽(뒤쪽)은 겉코, 다른 한쪽(앞쪽)은 안코를 잇습니다.

1

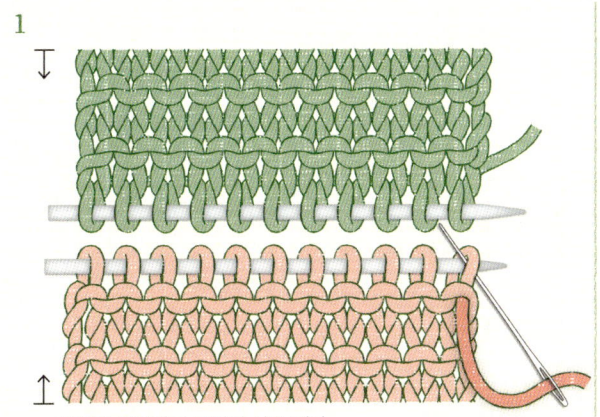

아래의 가장자리 코에서 실을 뺀다.

2

위의 가장자리 코에 바늘을 넣는다.

4

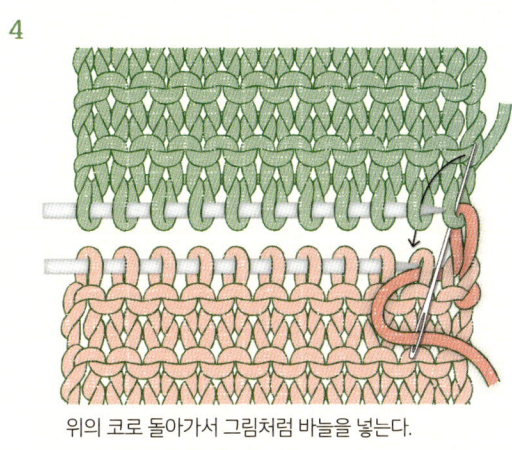

위의 코로 돌아가서 그림처럼 바늘을 넣는다.

5

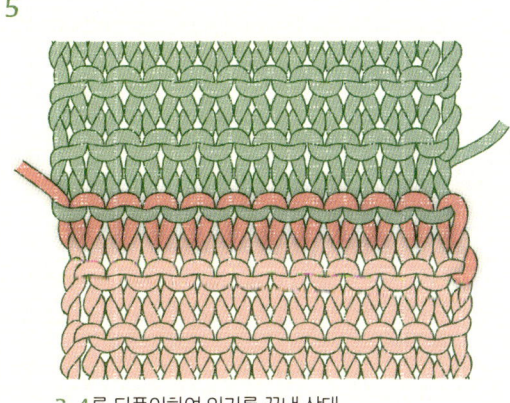

3, 4를 되풀이하여 잇기를 끝낸 상태.

3

아래의 가장자리 코로 돌아가서 그림처럼 바늘을 넣는다.

Assembling —— 단과 단 꿰매기

떠서 꿰매기

뜨개바탕의 겉을 보고 코 사이에 옆으로 걸쳐진 실을 주워서 돗바늘을 넣고 실을 당깁니다.
꿰매는 실은 보이지 않도록 뜨개바탕의 신축에 맞춰서 1단씩 조여 줍니다.

메리야스뜨기

[1코 안쪽을 1단씩 줍는다]

가장 일반적인 꿰매기 방법

1   시작코를 만들 때 남겨 둔 실을 꿰매는 실로 삼아서 왼쪽 시작코의 가로실을 줍고 오른쪽은 시작코와 첫째 단의 가로실(싱커 루프라고 한다)에 바늘을 넣는다.

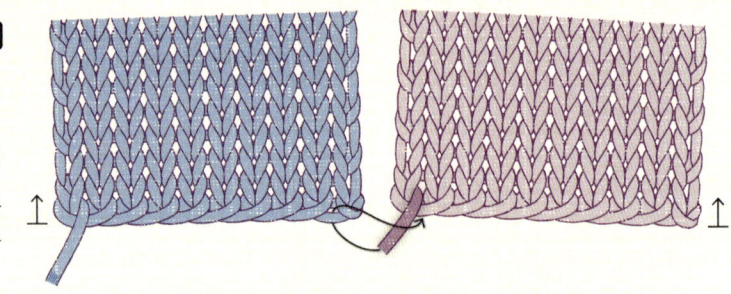

2   가장자리 코와 둘째 코의 가로실을 1단(1가닥)씩 교대로 줍는다.

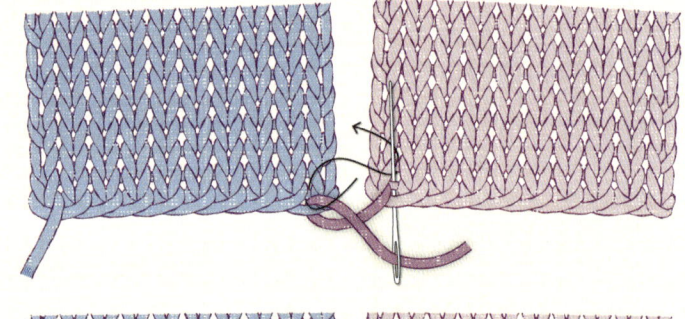

3   2와 같은 방법으로 줍는다.

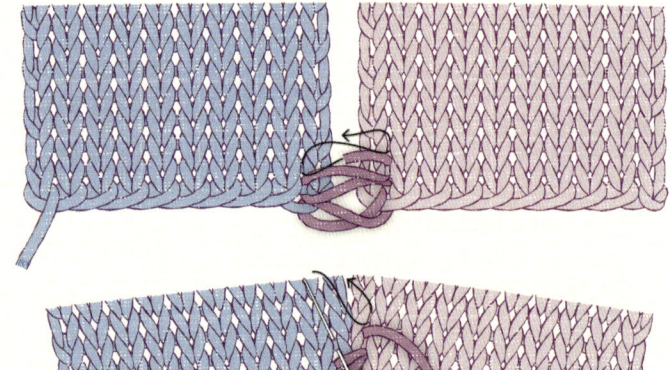

4   꿰매는 실은 1단씩 당겨서 조이면 깔끔하게 마무리된다.

(도중에 코를 줄인 경우)

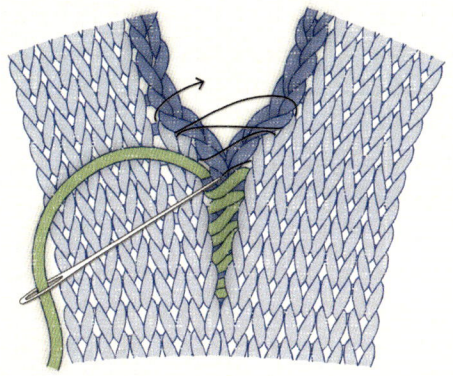

코 줄이기를 한 곳은 반코씩 어긋나게 바늘을 비스듬히 넣는다.

(도중에 코를 늘린 경우)

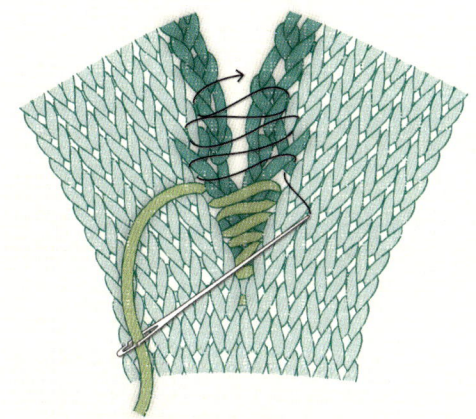

코 늘리기(돌려뜨기)를 한 크로스 부분은 아래에서 바늘을 넣는다.

[반코 안쪽을 1단씩 줍는다]

꿰맨 코가 얇게 마무리되므로 굵은 실에 알맞다.

1

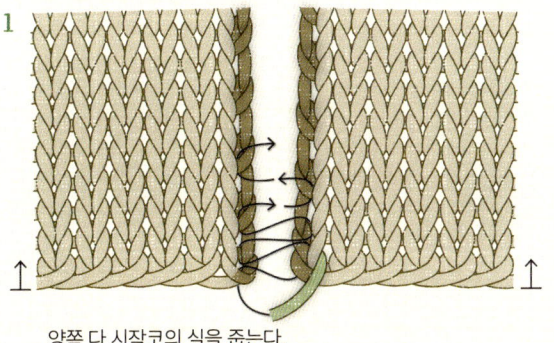

양쪽 다 시작코의 실을 줍는다.

2

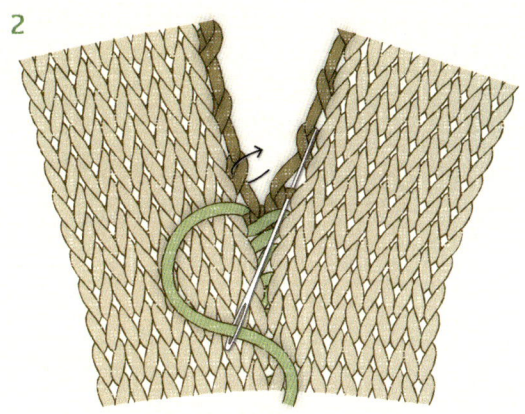

반코 안쪽의 고리(니들 루프라고 한다)끼리 줍는다.

안메리야스뜨기

양쪽 모두 가장자리 1코 안쪽의 가로실(싱커 루프라고 한다)을 1단씩 교대로 줍는다.

1

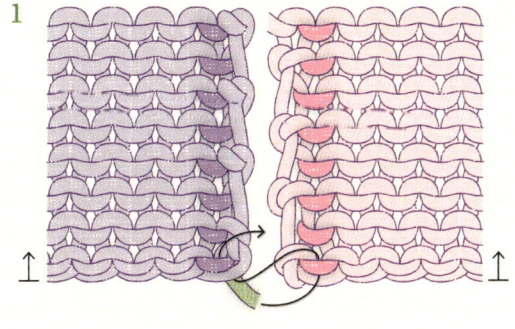

2

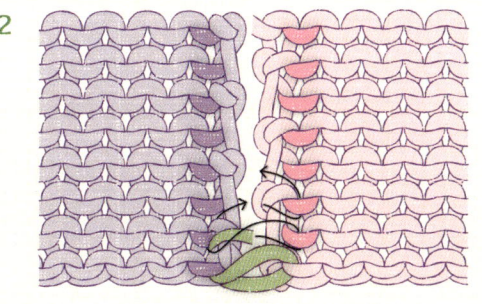

Assembling — 단과 단 꿰매기

1코 고무뜨기

가장자리가 겉코 2코와 겉코 1코일 때 꿰매는 법. 이 경우도 1코 안쪽을 1단씩 주워서 꿰맨다.

(손가락에 실을 걸어서 만드는 일반적인 시작코일 때)

1

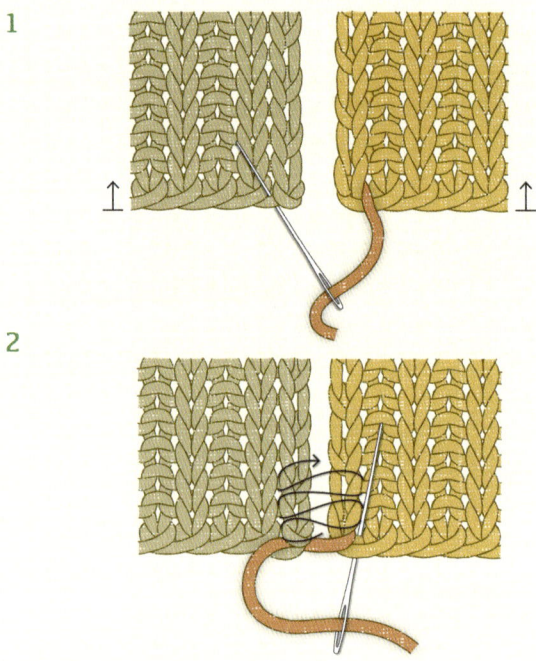

2

(1코 고무뜨기 시작코일 때)

1

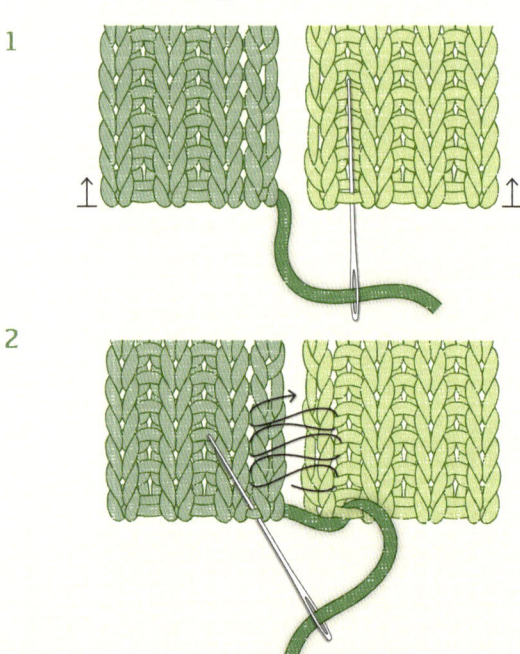

2

가터뜨기

가터뜨기는 뜨는 방향으로 오그라드는 특징이 있어서 1단씩 꿰매면 꿰맨 코가 늘어나기 쉽다. 그러므로 1단씩 걸러서 한쪽은 1코 안쪽을, 다른 한쪽은 반코 안쪽의 실을 주워서 꿰맨다.

1

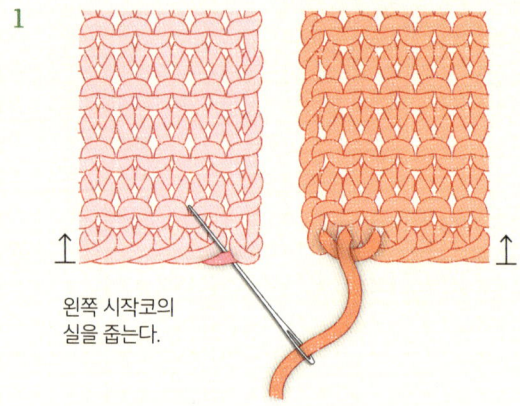

왼쪽 시작코의 실을 줍는다.

2

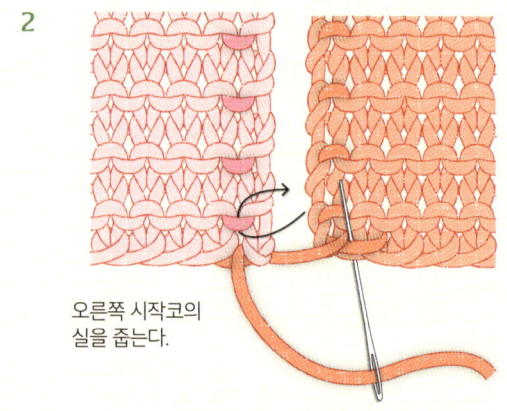

오른쪽 시작코의 실을 줍는다.

3

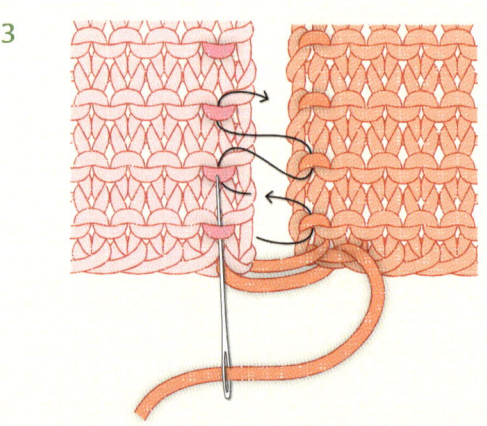

왼쪽은 1코 안쪽의 가로실을, 오른쪽은 반코 안쪽의 가로실을 줍는 것을 교대로 되풀이한다.

ㄷ자로 꿰매기

ㄷ자를 쓰는 것처럼 줍습니다. 반코씩이 시접이 되고 실을 당기면 겉코 1코가 생깁니다.

메리야스뜨기일 때

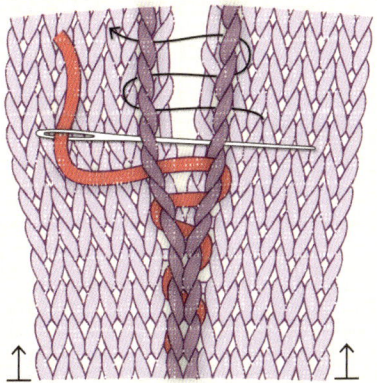

1코 고무뜨기일 때

양 가장자리가 겉코 1코일 때 사용하며 고무뜨기 코가 흐트러지지 않고 깔끔하게 이어집니다.

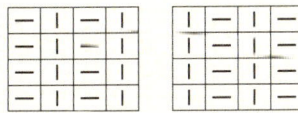

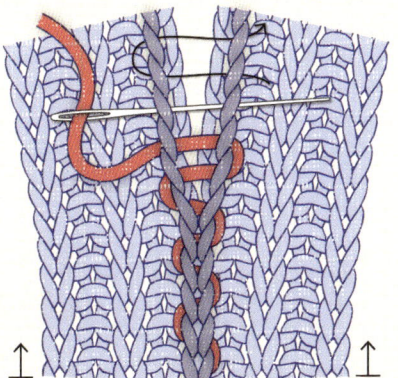

빼뜨기로 꿰매기

뜨개바탕 2장을 겉끼리 맞대고 가장자리를 고르게 맞춘 후 코바늘을 사용하여 '빼뜨기' 하는 요령으로 꿰매는 방법입니다. 단단한 꿰맨 코가 되어서 늘어남을 막아 주므로 소매 달기 등에 많이 사용합니다. 모헤어나 넵사 등에도 이 방법이 알맞습니다. 꿰맨 코는 금방 풀 수 있어서 다시 고치기도 쉽습니다.

1

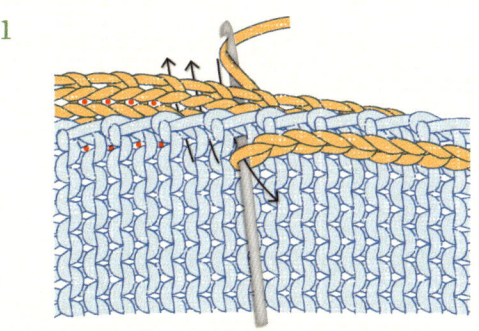

뜨개바탕을 겉끼리 맞닿게 겹치고 첫째 코와 둘째 코 사이에 코바늘을 뜨개바탕에 직각이 되도록 넣는다.

2

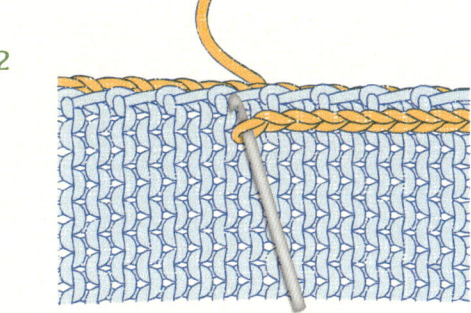

실을 걸어서 빼뜬다. 이때 꿰맨 코의 사슬코가 너무 빡빡해지지 않도록 주의한다.

Assembling —— 단과 단 꿰매기

박음질로 꿰매기

구멍무늬처럼 가장자리가 고정되지 않는 뜨개바탕이나 소매달기 등 단단하게 꿰매고 싶을 때 적합한 방법입니다. 뜨개바탕 2장은 겉끼리 맞닿게 겹치고 돗바늘을 사용하여 1단 진행했다가 1단 돌아오며 꿰매 줍니다.

1

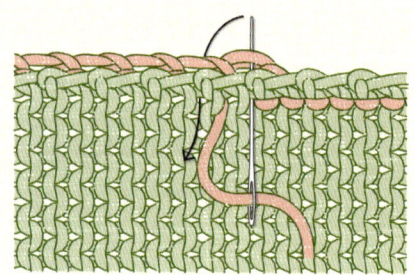

첫째 코와 둘째 코 사이에 돗바늘을 뜨개바탕에 직각이 되도록 넣는다.

2

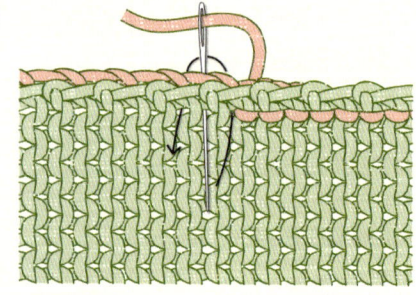

1단 앞으로 가서 바늘을 직각으로 뺀다.
화살표처럼 1단 돌아와서 다시 1단 진행한다.

반박음질로 꿰매기

'박음질로 꿰매기'를 하는 요령으로 앞으로 간 만큼의 반을 돌아오며 꿰맵니다.

1

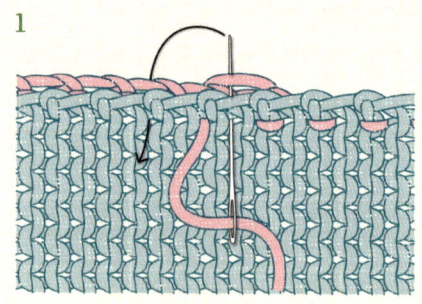

2

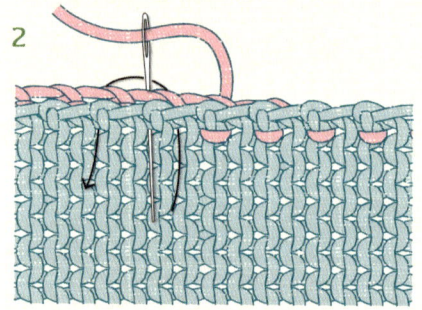

2단 앞으로 가서 바늘을 직각으로 뺀다. 화살표처럼 1단 돌아와서 2단 앞으로 간다.

[알아 두면 쓸모 있는 응급처치법]

뜨는 도중에 잘못된 걸 알았을 때 전체를 풀지 않고 고칠 수 있는 방법으로 신축성 있는 니트이기 때문에 가능한 응급처치입니다.
대바늘과 같은 호수의 코바늘을 준비하고, 뜨개바탕을 평평한 장소에 놓고 꿰맵니다.

**뜨는 도중에
'뜨개코를 빠뜨린 것'을 알았을 때**

빠진 코에 코바늘을 넣고 코와 코 사이에 걸쳐진 가로실을 1단씩 주워서 빼뜬 뒤에 왼쪽 대바늘에 코를 걸고 뜨개질을 이어갑니다.

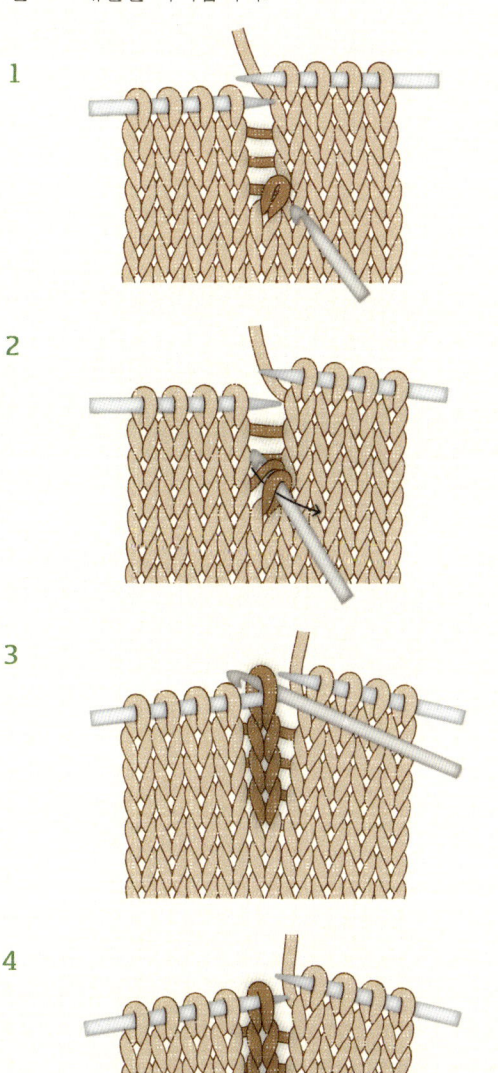

**뜨는 도중에
'뜨개코를 뜨는 법이 잘못된 것'을 알았을 때**

이때도 코바늘을 사용합니다. 틀린 위치의 코를 대바늘에서 빼서 잘못 뜬 코까지 풀어 줍니다. 그 코에 코바늘을 넣어서 바르게 다시 뜹니다.

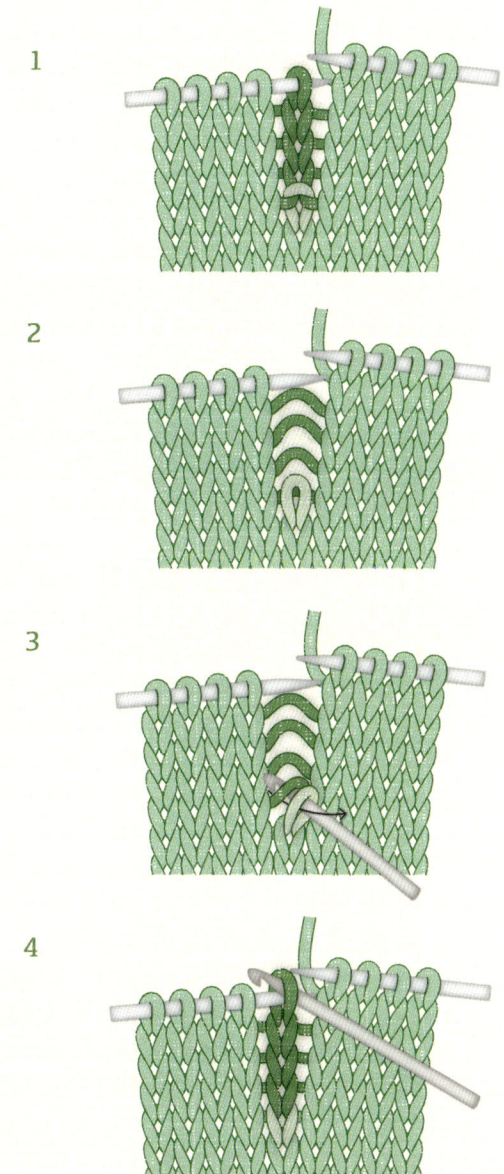

Assembling —— 단춧구멍

뜨면서 만드는 단춧구멍

뜨개바탕에는 신축성이 있어서 단추 지름만큼 구멍을 내지 않아도 괜찮습니다.
1코 고무뜨기, 가터뜨기, 멍석뜨기 등은 걸기코를 하고 2코 모아뜨기를 한 단춧구멍 크기(1코나 2코짜리 구멍)면 됩니다.
구멍 둘레는 감치지 않고 그대로 사용하는 편이 눈에 띄지 않습니다.

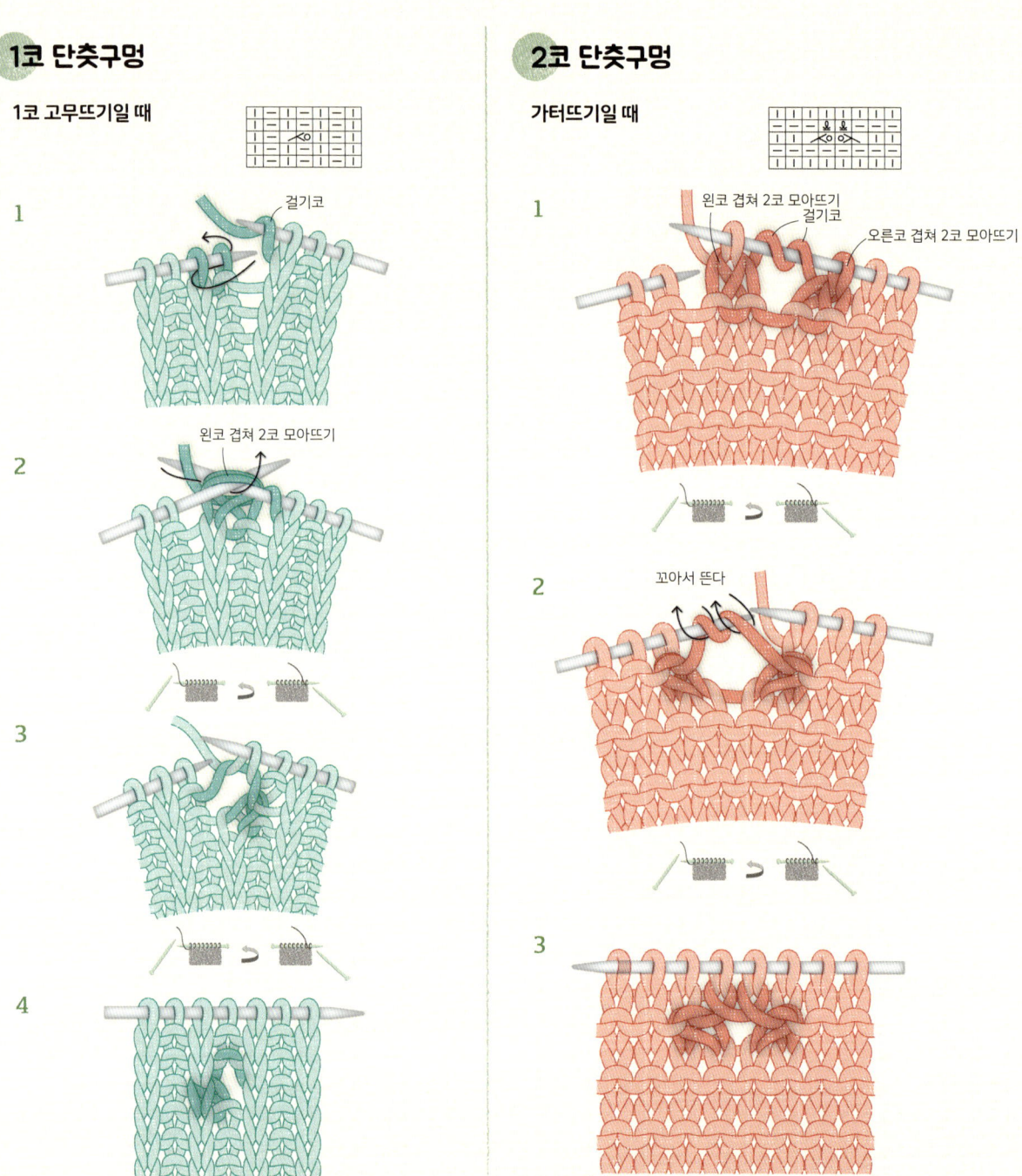

All you need to start
뜨개질을 시작하기 전에

대바늘 손뜨개는 실의 굵기에 맞는 대바늘 2개를 사용합니다.
단순한 뜨개바탕일수록 뜨개코를 고르게 뜨기 어려운데, 너무 빡빡하거나
너무 느슨하지 않게 자신이 얼마나 힘을 주고 뜨는지 확인한 뒤에 뜨기 시작하세요.

단추 달기
단추 다는 실은 같은 색깔 실(굵은 실일 때는 실 가르기를 한다)이나 단추 달기 전용실을 사용합니다. 실은 두 겹으로 하여 사용하고, 단추 뒷면에서 실을 고리 속으로 통과시킨 뒤에 단추를 달아 줍니다.

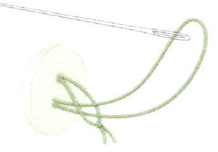

1 실 고리 속으로 통과시킨다.

2 뜨개바탕 두께에 따라 실기둥 높이를 정한다.

3 실기둥에 실을 5~6번 감고 뜨개바탕 안쪽으로 바늘을 빼서 뜨개바탕 안쪽 실에 통과시켜 고정한다.

실 가르기
실이 꼬여 있는 부분에 바늘을 넣어서 가른다.

Knitting Needles

대바늘

대바늘에는 한쪽에 머리가 달린 2개 세트 대바늘과 머리가 없는 4개 세트 대바늘, 5개 세트 대바늘, 그 밖에 줄로 이어진 줄바늘이 있습니다. 코가 부드럽게 이동하도록 바늘 끝은 적당히 뭉툭하면서 경사 있는 것으로 고르세요. 재질은 대나무제, 플라스틱제, 금속제 등이 있고 호수가 커질수록 바늘이 굵어집니다.

대바늘(실물 크기)

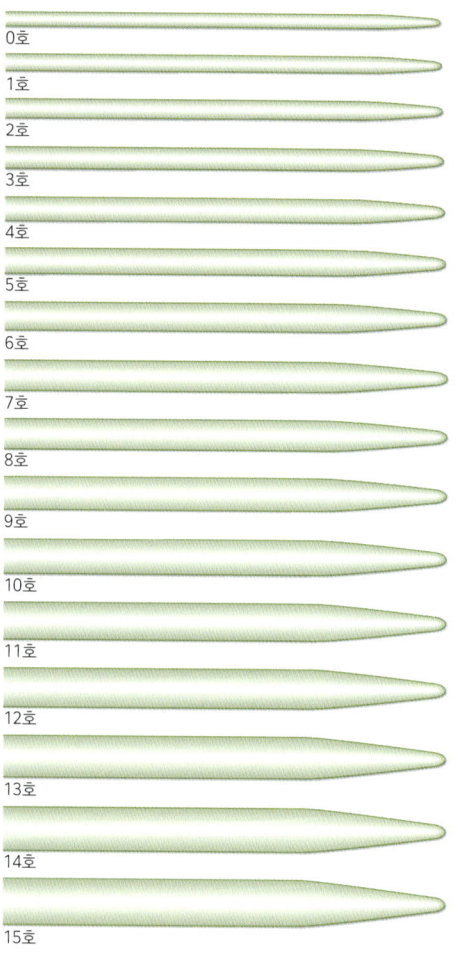

0호
1호
2호
3호
4호
5호
6호
7호
8호
9호
10호
11호
12호
13호
14호
15호

※ 15호 이상의 굵은 바늘은 점보 바늘이라고 부르며 밀리미터로 표시합니다.

대바늘 타입

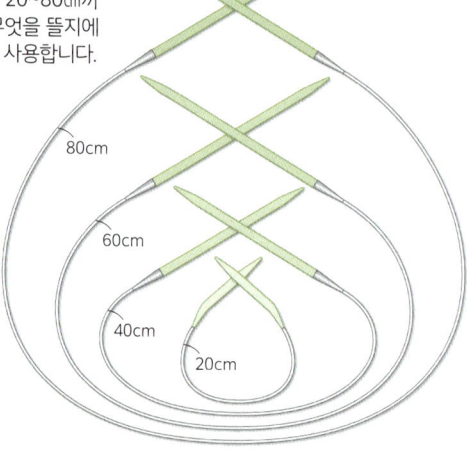

머리 달린 2개 바늘 약 33㎝

4개 바늘 약 30㎝

4개 바늘(짧음) 약 20㎝

5개 바늘 약 24㎝

5개 바늘(짧음) 약 16㎝

줄바늘

모자나 레그워머 등의 소품을 원통 모양으로 뜰 때, 스웨터의 목둘레나 밑단, 소맷부리를 뜰 때도 편리합니다. 줄 길이는 20~80㎝까지 다양하니 무엇을 뜰지에 따라서 구분해 사용합니다.

80cm
60cm
40cm
20cm

코바늘

시작코, 빼뜨기 코막음, 잇기와 꿰매기 등에 사용합니다. 코바늘 크기는 대바늘 호수에 맞춥니다.

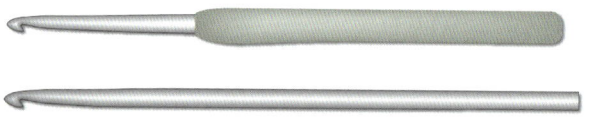

Knitting Yarns

뜨개실

뜨개실에는 모사, 면사, 화학섬유사, 혼방사 등이 있고, 실의 굵기는 가는 것에서부터 극극세사, 극세사, 합세사, 중세사, 합태사, 병태사, 극태사, 극극태사, 초극태사라고 부릅니다.

뜨개실은 볼 형태와 타래 형태로 된 것이 있습니다. 볼 형태 뜨개실은 중심에서 실 끝을 뽑아서 곧바로 뜰 수 있습니다. 타래 형태 뜨개실은 실을 고리 모양으로 다발지어서 살짝 꼬아 놓은 것이므로 볼 모양으로 다시 감아서 사용합니다.

실에는 라벨이 달려 있는데 여기에 실 이름, 색 번호(COL.), 로트 번호(LOT.=염색한 가마 번호), 소재명 외에 취급법이나 주의사항도 적혀 있습니다. 실을 추가로 사거나 세탁할 때 참고가 되므로 라벨을 꼭 보관해 두세요. 작품을 만들고 남은 실은 뜨개바탕을 이은 실이 끊어졌을 때 필요하니 잘 챙겨 둡니다.

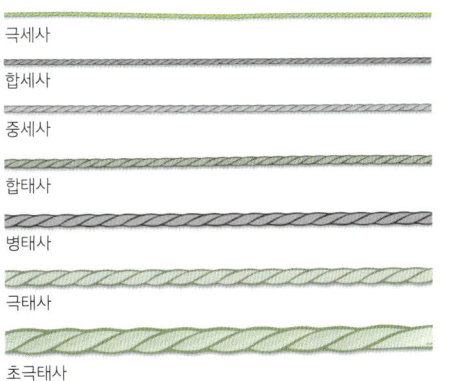

볼 형태 뜨개실

타래 형태 뜨개실

타래 형태 뜨개실

Gauge

게이지

게이지는 작품을 뜨기 위한 기준이 되는 뜨개코 크기입니다. 일반적으로 가로세로 10㎝ 크기의 뜨개바탕에 몇 코, 몇 단이 들어가는지로 나타냅니다.

뜨고 싶은 작품을 정했으면 뜨는 법 페이지에 적혀 있는 호수의 대바늘과 뜨개실로 가로세로 15~20㎝ 정도 되는 뜨개바탕 샘플(시험뜨기)을 뜹니다. 뜨개바탕을 잘 정리해서 평평한 곳에 놓고, 뜨개코가 잘 고정되어 있는 가운데 부분에서 가로세로 10㎝의 콧수와 단수를 셉니다.

만일 콧수, 단수가 적을 때는 뜨는 법이 느슨한 것이므로 대바늘 호수를 작은 것으로 바꾸고, 반대로 콧수, 단수가 많을 때는 뜨는 법이 빡빡한 것이니 호수를 큰 것으로 바꿔 줍니다.

손뜨개는 뜨는 사람마다 얼마나 손에 힘을 주는지가 다릅니다. 뜨는 법이 느슨하거나 빡빡한 것은 뜨는 사람의 습관이라 조절하기 어려우므로 바늘 굵기를 바꿔 가면서 지정된 게이지에 가까워지도록 합니다. 뜨개질을 시작하기 전에 거치는 이 한 단계가 뜨는 도중에 '치수대로 되지 않는' 곤란한 결과를 방지해 줍니다.

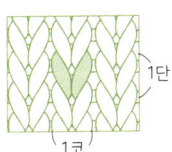

1단
1코

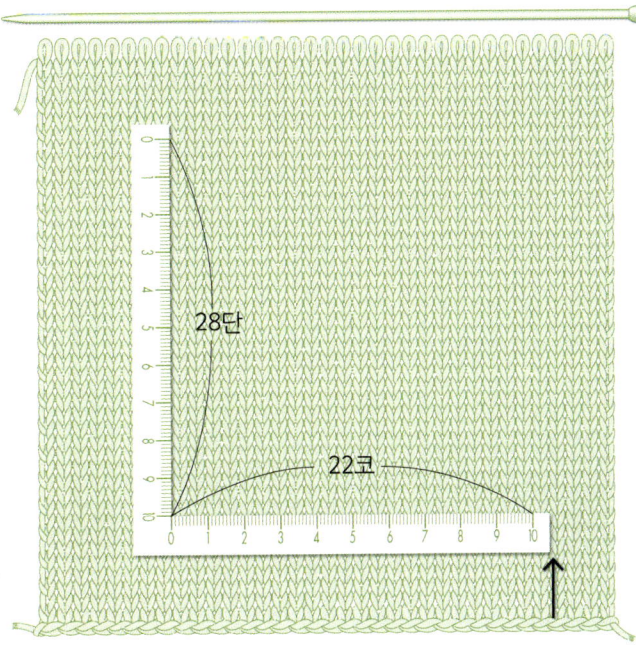

28단
22코

Yarn Needles

돗바늘

뜨개코를 코막음할 때, 뜨개바탕을 잇거나 꿰맬 때, 실 끝을 처리할 때 사용합니다. 바늘 끝은 뭉툭하고 바늘귀는 뜨개실이 잘 통과하도록 크게 나 있습니다. 길이와 굵기가 다양하니 실의 굵기나 용도에 맞춰서 고릅니다.

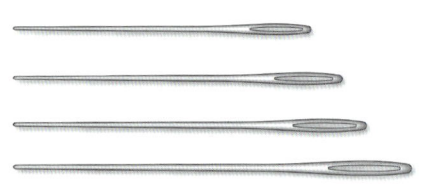

실 꿰는 법

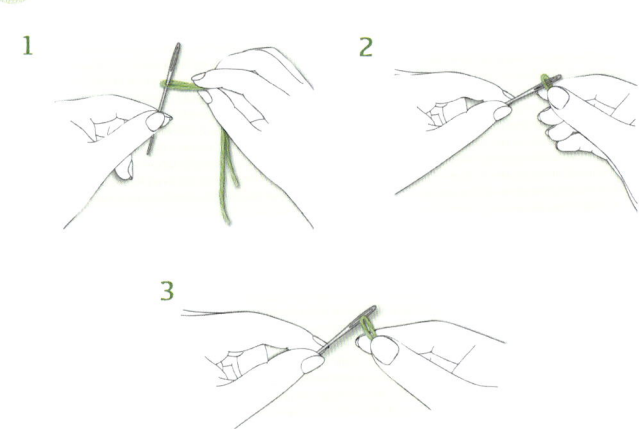

Weaving Yarn Tails

실 끝 처리

실 끝은 돗바늘에 꿰어 뜨개바탕 뒤쪽에서 단이나 코에 통과시켜 처리합니다. 단은 가장자리 코의 반코에 휘감듯이, 코는 뜨개코 사이로 겉에서 보이지 않도록 하여 각각 2~3㎝ 통과시킵니다.

뜨개바탕 도중에서 실을 바꿀 때

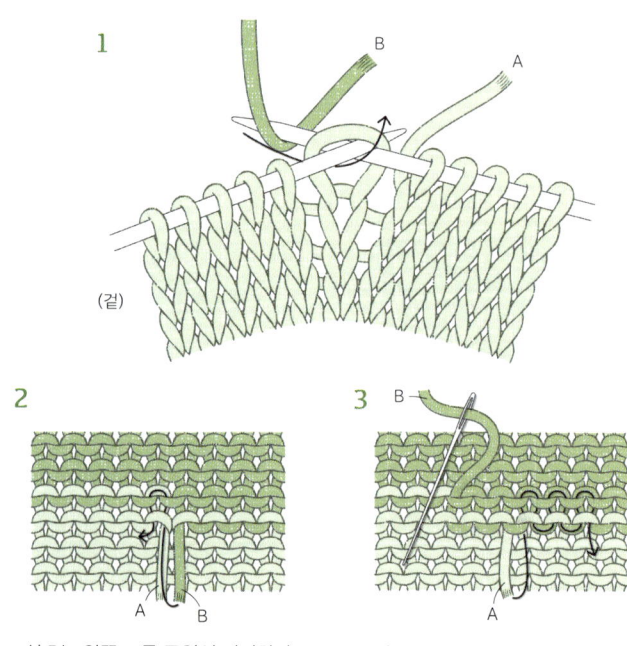

실 B는 왼쪽 코를 주워서 처리한다.   실 A는 오른쪽 코를 주워서 처리한다.

뜨개바탕 가장자리에서 실을 바꿀 때

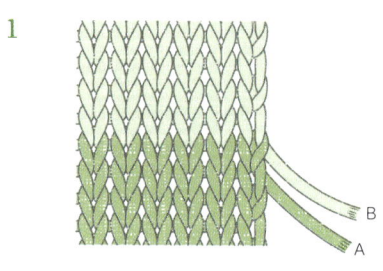

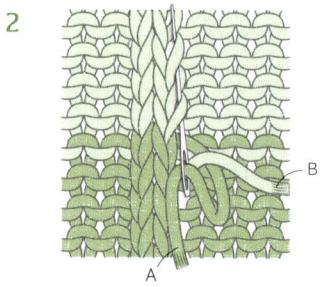

A는 B의 뜨개코에, B는 A의 뜨개코에 통과시킨다.

Joining Yarn

실 잇는 법

접친매듭

1 A B

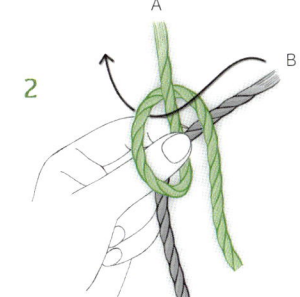
2

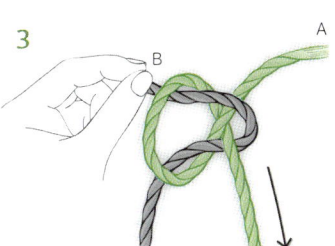
3

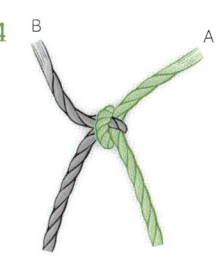
4

Tools

있으면 편리한 도구

실 자르는 가위
날 끝이 뾰족하고, 가벼운 소형 제품이 편리.

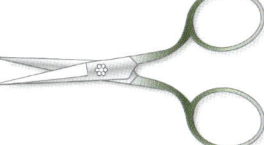

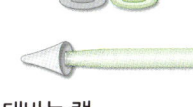

대바늘 캡
뜨개질하다가 도중에 쉴 때 대바늘 끝에 끼워서 뜨개코가 바늘에서 빠지지 않도록 한다.

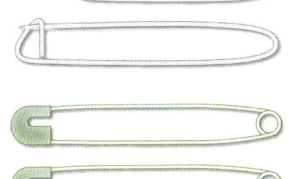

풀림 방지 핀과 클립
뜨개코를 일단 멈춰 둘 때 사용한다.

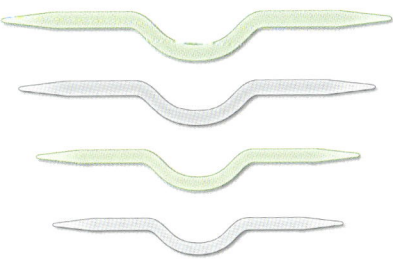

꽈배기바늘
꽈배기 모양으로 교차뜨기를 할 때, 나중에 뜰 뜨개코를 이 바늘에 옮겨 둔다.

편물용 시침핀
뜨개바탕 2장을 잇거나 꿰맬 때 뜨개바탕이 어긋나지 않도록 한다.

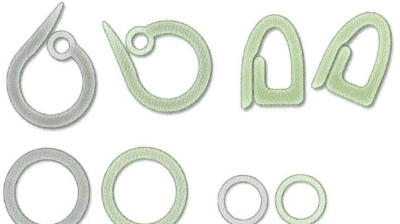

콧수 표시 링·단수 표시 링
콧수의 증감 위치, 원통뜨기의 뜨기 시작 위치 등 포인트를 한눈에 알아보도록 끼워서 사용한다.

자
게이지를 낼 때, 뜨개바탕 치수를 잴 때 사용한다.

index

ㄱ
가로줄무늬 배색	60
가터 잇기	73
가터뜨기	18
가터뜨기 단과 단 꿰매기	76
감아코 만들기	44
감아코 만들기로 코 늘리기	44
걸기코	22
걸기코와 중심 3코 모아뜨기	52
걸러뜨기	23
겉뜨기	14
겉코	14
게이지	83
고무뜨기 코막음	66,67,68
구멍무늬	52
구슬뜨기무늬	53
꽈배기무늬	48
꽈배기바늘	48,85
꿰매기	74
끌어올려 안뜨기	56
끌어올려뜨기	56
끌어올려뜨기무늬	56

ㄴ
나중에 푸는 시작코	10

ㄷ
ㄷ자로 꿰매기	77
단수 표시 링	85
단에서 코줍기	69
단추 달기	81
단춧구멍	80
대바늘	82
대바늘 잡는 법	7
대바늘 캡	85
대바늘로 뜨는 구슬뜨기	53
대바늘로 코를 떠서 만드는 시작코	11
덮어씌우기	38
덮어씌우기 코막음	62
덮어씌워 교차뜨기	49
덮어씌워 빼뜨기로 잇기	70
도구	85
돌려뜨기	22
돌려뜨기로 코 늘리기	43
돗바늘	84

돗바늘 코막음	65
떠서 꿰매기	74
뜨개기호	22
뜨개도안 보는 법	16
뜨개실	83
뜨면서 코 늘리기	46

ㄹ
레이스뜨기무늬	52

ㅁ
메리야스 잇기	71
메리야스뜨기	16
메리야스뜨기 단과 단 꿰매기	74

ㅂ
박음질로 꿰매기	78
반박음질로 꿰매기	78
배색무늬	58
배색무늬 실 잡는 법	59
배색실 바꾸는 법	58
보조실로 만든 시작코	10
보조실로 만든 시작코 줍는 법	10
비침무늬	52
빼뜨기 코막음	64
빼뜨기로 꿰매기	77
빼뜨기로 잇기	70

ㅅ
세로줄무늬 배색	60
손가락에 실을 걸어서 만드는 시작코	6
시작코	6
실 가르기	81
실 거는 법	7, 14, 15
실 꿰는 법	84
실 끝 처리	84
실 잇는 법	85
실 자르는 가위	85

ㅇ
안뜨기	15
안메리야스뜨기 단과 단 꿰매기	75
안코	15
오른쪽 1코 세워서 코 줄이기	36
오른쪽 2코 세워서 코 줄이기	37
오른코 겹쳐 2코 모아 안뜨기	24
오른코 겹쳐 2코 모아뜨기	24

	오른코 겹쳐 2코 모아뜨기와 걸기코	52	
	오른코 겹쳐 3코 모아뜨기	26	
	오른코 교차뜨기	48	
	오른코 늘려 안뜨기	27	
	오른코 늘려뜨기	27	
	오른코 덮어씌워 교차뜨기	49	
	오른코 돌려뜨기	43	
	오른코 위 2코 교차뜨기	50	
	오른코 위 2코와 1코 교차뜨기	51	
	왼쪽 1코 세워서 코 줄이기	36	
	왼쪽 2코 세워서 코 줄이기	37	
	왼코 겹쳐 2코 모아 안뜨기	25	
	왼코 겹쳐 2코 모아뜨기	25	
	왼코 겹쳐 3코 모아뜨기	26	
	왼코 교차뜨기	48	
	왼코 늘려 안뜨기	28	
	왼코 늘려뜨기	28	
	왼코 덮어씌워 교차뜨기	49	
	왼코 돌려뜨기	43	
	왼코 위 2코 교차뜨기	50	
	왼코 위 2코와 1코 교차뜨기	51	
	원통뜨기의 시작코 만드는 방법	11	
	원형뜨기의 시작코 만드는 방법	12	
	응급처치	79	
	잇기	70	

ㅈ	자	85	
	접친매듭	85	
	줄바늘	82	
	중간 코 줄이기	30	
	중심 3코 모아뜨기	26	

ㅋ	코 늘리기	42	
	코 줄이기	30	
	코 줍는 법	69	
	코를 한 번에 조여서 막는 방법	65	
	코막음하는 법	62	
	코바늘	82	
	코바늘로 뜨는 구슬뜨기	55	
	코바늘로 만드는 시작코	8	
	코에서 코줍기	69	
	콧수 표시 링	85	

ㅍ	편물용 시침핀	85
	풀림 방지 핀과 클립	85
	프랑스식 실 거는 법	7

숫자·영문	1코 고무뜨기	19
	1코 고무뜨기 단과 단 꿰매기	76
	1코 고무뜨기 코막음	66
	1코 교차뜨기	48
	1코 늘리기	42
	1코 단춧구멍	80
	1코 세워서 코 늘리기	42
	1코 세워서 코 줄이기	36
	1코 줄이기	30
	2코 고무뜨기 코막음	68
	2코 고무뜨기	21
	2코 교차뜨기	50
	2코 단춧구멍	80
	2코 모아뜨기	24, 25
	2코 세워서 코 줄이기	37
	2코 이상 늘리기	44
	2코 이상 줄이기	38
	2코와 1코 교차뜨기	51
	3코 모아뜨기	26
	JIS기호	22

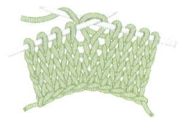

곁에 두고 보는 대바늘 손뜨개 노트

3쇄 펴낸날 2024년 12월 5일

지은이 문화출판국 편집부
옮긴이 남궁가윤
펴낸이 정원정, 김자영
편집 홍현숙
디자인 이유진

JAPAN STAFF
북디자인 와타나베 겐
일러스트 나카니와 로켓
해설&원고정리 야마다 하루요
협력 기요노 아키코
교열 무카이 마사코
편집 오사와 요코(문화출판국)
발행인 오오누마 스나오

펴낸곳 즐거운상상
주소 서울시 중구 충무로 13 엘크루메트로시티 1811호
전화 02-706-9452
팩스 02-706-9458
전자우편 happydreampub@naver.com
인스타그램 happywitches
출판등록 2001년 5월 7일
인쇄 천일문화사

ISBN 979-11-5536-174-0 (13630)

* 이 책의 모든 글과 그림, 디자인을 무단으로 복사, 복제, 전재하는 것은 저작권법에 위배됩니다.
* 잘못 만들어진 책은 서점에서 교환하여 드립니다.
* 책값은 뒤표지에 있습니다.

KIHON NO AMIKATA GA WAKARU HON
HAJIMEMASHITE NO BOBARI KYOSHITSU

Copyright © EDUCATIONAL FOUNDATION BUNKA GAKUEN BUNKA PUBLISHING BUREAU 2012
Illustrations © Nakaniwa Rockett 2012
All rights reserved.
Original Japanese edition published by EDUCATIONAL FOUNDATION BUNKA GAKUEN BUNKA PUBLISHING BUREAU
This Korean edition is published by arrangement with
EDUCATIONAL FOUNDATION BUNKA GAKUEN BUNKA PUBLISHING BUREAU, Tokyo
in care of Tuttle-Mori Agency, Inc., Tokyo through Botong Agency, Seoul

이 책의 한국어판 저작권은 Botong Agency를 통한 저작권자와의 독점 계약으로 즐거운상상이 소유합니다.
신저작권법에 의하여 한국 내에서 보호를 받는 저작물이므로 무단전재와 무단복제를 금합니다.